# 高职院校内部治理结构的研究与实践

胡蓉◇著

GAOZHI YUANXIAO NEIBU ZHILI JIEGOU DE YANJIU YU SHIJIAN



中南大學出版社
www.csupress.com.cn
·长沙·

# 前　言

优化内部治理结构是建设中国特色现代大学制度的核心问题，也是新时代高职院校实现高质量发展的必然要求。《国家中长期教育改革和发展规划纲要(2010—2020年)》明确提出，要建设“依法办学、自主管理、民主监督、社会参与”的现代学校制度。《国务院关于加快发展现代职业教育的决定》进一步提出，要“完善现代职业学校制度，依法制定体现职业教育特色的章程和制度，完善治理结构，提升治理能力”等。这些政策法规的相继出台，充分表明加快现代职业教育发展，深入推进高职院校治理体系现代化进程，全面提升学校治理能力，是教育领域落实党中央战略部署和深化高职教育综合改革的重要组成部分。

高职教育的高效能运转需要内外资源的集成和形成高效的内部组织运行架构。重构高职院校内部组织运行体系，实现高职院校的内涵提升和特色发展是当前一段时期高职院校高质量发展的必由之路。

本书是湖南省职业院校教育教学改革研究项目——基于集成理论的湖南卓越高职院校治理结构研究以及湖南省“十三五”教育科学规划课题——湖南省高职院校流程型内部组织结构改革现状与优化策略研究的阶段性成果。本书的撰写得到了湖南工业职业技术学院党委、规划处、科技处、教务处、学报编辑部等领导的大力支持，在此，深表感谢！

本书从高职院校的历史使命和内涵发展需求出发，主要梳理了高职院校教学、科研两大功能的治理改革，存在一定的局限性，书中的缺点和不足之处敬请广大读者批评指正，以便继续完善。

作者

2020年10月19日

# 目　录

## 下篇　内部治理实践研究

# 绪　论

如何在有限的资源投入下努力降低成本、提高办学效率，是高等职业教育办学者普遍关注的问题，也是社会对高职院校的要求。高等职业教育的高效能运转需要内外资源的集成和形成高效的内部组织运行架构。治理作为一种效率和效果并重的管理模式，突出了整合的思想。全球治理委员会(Commission on Global Governance)在20世纪90年代对治理的定义是："治理是个人或组织、公共部门或私有部门管理其一般事务的多种方式的总和。它是一个使得冲突和多元利益得到妥协并采取合作行为的持续过程。"治理不仅提高了个人能力，而且还通过治理把许多独立的劳动整合起来，从而融合成一股新的力量，而且这股新的力量的效力要远远大于元素个体的简单相加，实现即"1+1>2"。因而，用治理的理念和方式，将治理运用于我国高职院校组织运行体系，不仅具有理论意义而且极具实践价值。

## 一、研究背景

经济全球化、产品更新换代对技术技能型人才提出了新的需求。技术与职业是一个国家再造生产力、再造产业链的重要方式，是一个国家核心竞争力的要素，也是现代化最主要的推动手段之一。职业教育正日益成为影响一个国家经济发展潜力、成就的决定性的因素。高等职业教育与经济的发展休戚与共，然而随着20世纪80年代中期以来经济全球化浪潮的影响，人们对经济发展的内涵也产生了一些新的变化，比如受到终身教育思想的影响，经济发展内涵的变化就必然需要高等职业教育对此作出回应。而由于经济全球化、科学技术的发展和知识经济时代的到来，产品的更新换代速度和产业结构的升级速度都明显地加快，而产业结构的升级又主要取决于技术技能型人才的培养，而技术技能型人才的培养主要取决于高职院校。所以，产品更新换代、产业结构升级就不可避免地对技术技能型人才提出了新的和更高的要求，也必然会对高等职业教育产生重大的影响。然而高职院校组织运行体系的不完善却成为影响其发展的阻碍因素之一，同时，我国已经进入社会经济的转型发展与产业结构的升级调整的新时期，中国经济的发展速度由高速转为中高速，国家在不断加强经济的可持续发展，由原来的投资型转向为创新型。高等职业教育在国家经济转型新常态下发挥的作用也越来越重要，但目前高等职业教育治理体系和治理能力都未做好与经济新常态相互促进的准备，因此需要对高职院校的组织运行体系进行优化研究。

## (一)国家战略、政策引导对职业教育的现实需求

2013 年，十八届三中全会《中共中央关于全面深化改革若干重大问题的决定》提出："全面深化改革的总目标是完善和发展中国特色社会主义制度，推进国家治理体系和治理能力现代化。"2014 年国务院颁布《关于加快发展现代职业教育的决定》提出："职业院校要依法制定体现职业教育特色的章程和制度，完善治理结构，提升治理能力。"2015 年 10 月，教育部又颁布了《高等职业教育创新发展行动计划(2015—2018 年)》提出："坚持教学改革与提升院校治理能力相结合"，并且重点指出："建立健全依法自主管理、民主监督、社会参与的高职院校治理结构"。2017 年 12 月，在国家颁布的《国务院办公厅关于深化产教融合的若干意见》中，再次强调要加快学校治理结构改革，提出："建立健全职业学校和高等学校理事会制度，鼓励引入行业企业、科研院所、社会组织等多方参与。推动学校优化内部治理，充分体现一线教学科研机构自主权，积极发展跨学科、跨专业教学和科研组织"。

2019 年中国共产党第十九届中央委员会第四次全体会议表决通过了《中共中央关于坚持和完善中国特色社会主义制度、推进国家治理体系和治理能力现代化若干问题的决定》，习近平总书记指出："坚持和完善中国特色社会主义制度、推进国家治理体系与治理能力现代化"。用一次中央全会专门研究这个重大问题并作出决定，这在我们党的历史上还是第一次。

2019 年 1 月，国务院颁布了《国家职业教育改革实施方案》，其中指出要“把发展高等职业教育作为优化高等教育结构和培养大国工匠、能工巧匠的重要方式”，进一步明确了高等职业教育的发展方向和人才培养目标。在顶层设计上首次提出了“类型教育”，指明了新时代职业教育的转变方向，其基本要素是政府统筹管理、企业社会多元参与和专业特色鲜明。2019 年 4 月，教育部、财政部发布《关于实施中国特色高水平高职学校和专业建设计划的意见》提出：“集中力量建设一批引领改革、支撑发展、中国特色、世界水平的高职学校和专业群，带动职业教育持续深化改革，强化内涵建设，实现高质量发展。”为高职院校治理体系和治理能力建设实施指明了方向。

### （二）高职院校在满足“双顾客”要求，提供多样化、个性化服务方面存在不足

高等职业教育的“双顾客”主要是指，企业和学生都是学校的顾客，高等职业教育的发展既要满足企业的需求又要满足学生的需要。然而，仅仅只通过高职院校自身的努力无法满足企业和学生的双向需要，也不能够为企业和学生提供多样化和个性化的服务。

高职院校要想获得更好的发展只有突显自己独特的价值，才能够表现出在教育领域中的不可替代性，也就是高等职业教育要培养出大批的高水平的技术技能型人才，以适应经济建设和社会发展的需求。只有高职院校能够彰显自己的独特价值，办出自己的特色，才能够逐渐改变人们对高等职业教育的怀疑和不好的看法，也只有这样才能够培养出更多的满足社会和企业需要的人才，也才能够吸引更多的学生来报考高职院校。然而，由于我国历史和现实的种种原因，导致高职院校想完全依靠自身培养出既满足企业需要，又满足学生个体需求的目标，较难实现。比如，对高职院校的经费投入不足，高职院校的生源质量差，素质相对较低，高职院校的实习、实训基地配套设施建设不完善等，这些客观存在的问题都不是只依靠高职院校本身所能够加以解决的。在政府政策方面，政府应该汇集各种资源为职教服务，真正做到“管、办、评”分离，加强招生考试制度的改革，建立后勤社会化系统，建立职教中心，合理布局，集中投入，加强职业院校与企业合作的法律、法规的建立，增强企业与学校合作的积极性。政府可以与学校合作，把有限的充分资源利用起来。在学校层面，应

加强职业院校间的战略集成和战略合作，通过集成优势专业，确保专业的高精专。加强与中职和本科院校的合作，打通学生中、高、研的通道，适当地实现高职院校办学的高移。在合作伙伴方面，应加强动态战略合作联盟，加强与县、区、经济开发区和企业的动态合作，让他们参与高职院校的发展规划，建立深度合作的机制和平台。在生源层次方面，应加强招生考试和招生方式的改革，加强对生源的认识，了解生源的学习兴趣取向以及结构，从集成的角度分配专业格局。

### （三）高职院校内涵发展任重道远

1998年12月，教育部在《面向21世纪教育振兴行动计划》中指出：“积极发展高等职业教育，是提高国民科技文化素质，推迟就业以及发展国民经济的迫切要求。”1999年6月，中共中央、国务院在《关于深化教育改革全面推进素质教育的决定》中指出：“高等职业教育是高等教育的重要组成部分。要大力发展高等职业教育，培养一大批具有一定理论知识和较强实践能力，生产、建设、管理、服务第一线和农村急需的专门人才。”在此前后，我国政府制定和出台了一系列加快发展高等职业教育的指导方针和政策法规，我国高等职业教育进入了一个快速发展的历史时期。我国高等职业教育发展到今日，已经占据了高等教育的半壁江山，但是由于外部和自身的原因，我国的高等职业教育仍然存在着很多不足，导致我国高职院校无法很好地应对产业结构升级和迅速变化的市场。我国高等职业教育自身的问题主要在于以下五个方面：定位不准确、缺乏特色，突出职业不够；高等职业教育与社会需求脱节，专业设置缺乏特色，学生就业困难；办学特色不鲜明，课程设置与市场需求相脱节，实践性教学存在诸多问题；教学模式单一化，教学质量不高，行业、企业参与人才培养、产教结合的运行机制尚未真正形成；师资队伍，尤其是“双师型”教师队伍建设亟待加强。而这些问题归根结底是由于我国高等职业教育内涵建设不足，没有走出一条适合自身的具有特色的高职办学道路。

与许多欧洲国家一样，我国的高职院校发端于工业革命的兴起，例如湖南工业教育先驱陈润霖创办的楚怡工业学校，在推进湖南的近代化历程、促进近代应用人才培养方式的转型、推动湖南社会发展与政治进步、丰富湖湘文化精神内涵、促进湖南地方传统观念与民风的改变等方面均起到了重要的作用。高职院校的内涵发展也离不开其自身内部制度的科学安排，每个学校都处在各自不同的制度环境之中，而不同的内部制度安排直接影响着不同学校发展的路径，但不论历史传统和现存缘由如何，不同的学校通过改革、走内涵发展的道路，均朝着更加科学合理的方向发展是主流。为此，对高职院校治理结构理论的研究，能够为高等职业教育的内涵发展，提供有益参考。

我们通过高等职业教育现代治理来改进高等职业教育的质量，不仅要考虑高职院校的各个组成部分，还必须考虑各个组成部分之间的有机联系，只有这样才能实现高等职业教育的可持续发展。

### （四）高职院校单凭自己的能力无法适应市场和社会的发展要求

长期以来，高等职业教育作为高等教育的补充而未受到应有的重视，国家对高等职业教育的资金投入也严重不足。资料显示，在20世纪最后几年，国家对职业教育的投入呈明显的下降的趋势。1996—2000年，国家财政预算内职业教育经费占预算内教育经费的比重由11.53%下降到了8.42%，财政预算内职业教育经费占职业教育总经费的比重也从52.92%猛然下降到了43.12%。面对严重匮乏的经费投入，高职院校只是凭借自身的资金投入显然无法应对快速发展和变化的社会和市场形势，因此，必须加强高职院校之间的合作，建立动态的合作联盟，集中优势资源，更好地来应对社会和市场的不断变化对高等职业教育提出的新的需求。

高等职业教育由于发展时间短，无论办学形式还是组织结构几乎都完全照抄照搬普通高等院校。由于高职院校和普通高等教育培养目标等的不同，高职院校完全照抄照搬普通高等教育的办学形式、组织结构没有突出高职院校的办学特色，也是不适应现代高等职业教育理念的，并且随着社会的不断发展，这种不协调就更加突出。目前高等职业教育的办学形式等都有一定的突破性发展，但是组织结构却几乎没有取得任何实质性的突破。高等职业教育的可持续发展有赖于高等职业教育现有组织结构的变革，即形成一套具有高职院校自身特色的组织结构体系。因此，运用治理来优化高等职业教育的组织结构具有非常明显的优势，也更有利于高等职业教育形成独具特色的组织结构。

## 二、研究意义

### (一)理论意义

#### 1. 对生产运作管理理论应用的拓展

生产运作管理是对生产运作系统的设计、运行与维护过程的管理，它包括对生产运作活动进行计划、组织和控制。传统生产管理主要是以工业企业，特别是制造业为研究对象，其关注点主要是一个生产系统内部的计划和控制，一般称为狭义的生产管理学，其内容主要是关于生产的日程管理和在制品管理。生产运作管理主要是针对企业而言的，而本书将生产运作管理的理论应用到对高职院校组织运行的研究中，是对其理论应用的拓展，也相应地扩大了其外延。

#### 2. 丰富和完善集成创新思想

集成创新是利用各种信息技术、管理技术与工具等，对各个创新要素和创新内容进行选择、集成和优化，形成优势互补的有机整体的动态创新过程。集成创新强调灵活性，重视质量和产品多样化，集成创新的主体是企业。集成创新思想是一种现代的企业创新模式，因此其主要是针对企业界的创新而提出来的。本书将集成的思想运用于高职院校的治理中，是对治理进行深入的探讨。

#### 3. 推动教育服务运作的发展

教育服务运作过程主要包括两个阶段：第一个阶段是教育服务生产过程，即教师生产教育产品的过程，也就是教师通过运用一定的劳动资料作用于劳动对象；第二个阶段是教育服务的传递过程即教师将服务产品传授给学生的过程。本书通过治理来研究高职院校的组织运行体系，高职院校组织运行体系通过选择、集成和优化，形成互补的整体优势，将会显著地提高高职院校的办学质量和办学特色，从而更好地实现其推动教育服务运作的发展。

#### 4. 有助于高职院校管理体制改革理论创新

随着国家高职院校“双高”建设计划的实施，高职院校的运行模式有越来越企业化的需求倾向，脱胎于行政化“事业单位”的高职院校，必须自觉赋予自身更多的企业化色彩。原有的管理思想和管理方法已不能适应新的竞争形势，迫切需要围绕提高核心竞争能力实现创新和突破，进行多方面改革。本书一方面探索高职院校治理结构的管理模式，另一方面为推动高等教育管理向高等教育治理转变，推动中国特色现代高等教育治理体系和治理能力的现代化提供理论上的借鉴。

### (二)现实意义

1. 对我国现代职业教育体系的建设有促进作用

形成现代职业教育体系是我国职业教育发展的战略性目标。首先是转变经济发展方式和发展现代产业体系，需要完善的现代职业教育体系给予有力的支撑。而实施高等职业教育内部治理结构改革，可以使高职院校的组织运行体系更加合理，从而使高等职业教育能够办出自己的特色，办出高等职业教育的特色，从而提高高等职业教育的社会认可度等，促进我国现代职业教育体系的建设。

2. 有利于实现我国高职院校资源的优化配置

高等职业教育是我国目前大力发展的教育，通过实施高等职业教育内部治理结构的改革，可以实现高等职业教育内部配置的选择优化，形成互补的整体优势，从而有利于实现我国高职院校资源的有效和合理的配置。

3. 有利于增强高职院校的后续发展

通过实施高等职业教育内部治理结构的改革，有利于提高高等职业教育资源的使用效率和重复率，避免造成高职院校资源的不必要浪费和重复建设，从而可以把其有限的资金和资源投入到新型的产业和不太成熟的专业的研究中去，使高职院校能够跟上经济发展的步伐，增强高职院校的后续发展。

4. 有利于提高高职院校的竞争能力

通过实施高等职业教育内部治理结构的改革，有利于提高高等职业教育的办学质量和保障高等职业教育培养人才的规格，能够吸引企业界的投资热情和改变人们对高等职业教育的偏见，从而有利于提高高职院校的竞争能力。

5. 有利于推动学校现代化转型

从“管理”到“治理”，一字之差，却凸显了我国高等教育管理思想的重要变化，要求从“人治”走向“法治”、从“封闭”走向“开放”、从“控制”走向“协调”的治理体系，优化内部组织结构，完善制度体系，不断提升治理能力。本书将集成管理理论引入高职院校管理体制改革之中，构建职业院校治理体系的理论模型，实现高职院校治理结构和内部运行机制的改革，有助于高职院校的现代转型。

**6. 有利于发挥高职院校利益共同体作用**

本书探索了将政府、社会和高职院校多元主体紧密结合的新方法，有利于改变一元治理结构，实现协同治理，发挥利益主体的积极作用，有利于现代职业教育体系的完善。

**7. 有利于办“人人能成才”的职业教育**

高职院校在治理体系方面存在着组织结构框架政治化，组织运行官僚化，组织管理空心化，市场反应迟钝、人浮于事、效率低下等弊端，严重制约了高职院校自身的发展和国家教育事业的整体质量。本书运用集成管理理论，探索高职院校各种资源集成，有利于提高高职院校治理能力，实现高职院校管理效率的最大化，提高人才培养的质量，实现人人能成才，真正实现与企业之间的零距离，丰富产教融合。

# 上篇

# 内部治理基础理论研究

# 第一章
# 高职院校内部治理现状调研

## 一、高职院校内部治理校本调研

2013 年，某高职院校内部围绕“推进现代大学制度建设，完善学院内部治理结构，提升治理能力”这一主题，开展了“学院治理体系和治理能力建设”专题调研活动，由发展规划处召集，院长和副院长带队，发展规划处、党政办、组织人事处、财务处、对外合作办、教务处、资产管理处等相关职能部门共同参与。通过调研，结合学院建设发展实际，着重就制定现代大学章程，完善党委领导、行政负责、教授治学的内部治理体系，健全学院各项管理制度，完善人才培养体系等方面提出对策。

### （一）调研组织与实施

1. 调研对象与分类

Ⅰ类对象为主要职能部门的领导，Ⅱ类对象为各院系的学生代表，Ⅲ类对象为各院系的教师代表。

2. 调研实施情况

调研共分解为治理体系构架调研、人人成才体系调研、教师增值制度环境调研 3 个项目。

治理体系构架调研时间为 3 个小时，参加人员有党委、行政各部门领导以及教职工代表，此调研项目就内部治理结构优化、章程(草案)整体框架及学院管理体制、对外关系、教师权利与义务等专项内容广泛征求了意见和建议。

人人成才体系调研时间为 4 个小时，参加人员有党委、行政各部门领导以及教职工代表、各系(院)学生代表 1 名，此调研项目就学生权利义务、学生参与学院管理、人才成才平台构架及学院相关制度等专项内容广泛征求了意见和建议。

教师增值制度环境调研时间为 4 个小时，参加人员有党委、行政各部门领导、各系(院、部、中心)教师代表 1 名，此调研项目就教师权利义务、教师参与学院管理、教师职业成长及学院治理构架、相关制度等专项内容广泛征求了意见和建议。

3. 调研方式

本次调查采取问卷调查和访谈两种方式，分别从治理体系构架调研、人人成才体系调研、教师增值制度环境调研 3 个方面设置了问卷和访谈提纲，共发放问卷 150 份，回收有效问卷 143 份，有效率为 95.3%。参加访谈的人员主要为部门领导(约占 13.3%)、学生代表(约占 57.3%)和教师代表(约占 29.4%)。

### (二) 调研数据分析

1. 在治理体系构架上，加大优化的改革，加强依法治校，发挥教授治学的作用

问卷调查为治理体系治理能力建设提供了重要的参考。从治理体系的构架来看，要加大内部治理结构优化的改革，重点解决权力制衡的问题，加强依法治校，发挥教授治学的作用。

治理体系构架调研数据汇总表如表 1.1 所示。

**表 1.1　治理体系构架调研数据汇总表**

| 项目 | 选项 A 所占比例 | 选项 B 所占比例 | 选项 C 所占比例 | 选项 D 所占比例 |
| --- | --- | --- | --- | --- |
| 您认为依法治校最重要的措施 | A. 专人主管法制工作占 27.3% | B. 聘请专职律师占 0 | C. 权力制衡占 36.4% | D. 开展师生法制教育占 27.3% |
| 您认为学院推行民主管理的最大障碍 | A. 员工民主管理意识淡薄占 9.1% | B. 院领导及中层干部民主管理意识淡薄占 18.2% | C. 民主管理机构不健全占 0 | D. 民主管理制度不健全占 72.8% |
| 您认为当前学院推行民主管理最先要设置的组织机构 | A. 教授委员会占 18.2% | B. 改革发展咨询委员会占 18.2% | C. 财经委员会占 9.1% | D. 教师委员会占 45.5% |
| 您认为教授治学最重要的作用是 | A. 制衡行政权的滥用占 45.5% | B. 保障学术自由占 27.3% | C. 公正评价学术成果占 27.3% | D. 协助行政管理占 0 |
| 您认为当前院系二级管理中最大的问题 | A. 系（院）权责不匹配占 36.4% | B. 系（院）权力过大占 0 | C. 院系权限不清占 36.4% | D. 系（院）管理机构缺失占 27.3% |
| 您认为协同创新面临的最大困难 | A. 激励机制缺失占 54.5% | B. 员工理念落后占 9.1% | C. 院系二级管理制度占 0 | D. 部门职能划分不清占 27.3% |
| 您认为学院治理体系最迫切要解决的问题 | A. 行政管理机构设置占 9.1% | B. 监控体系缺失占 36.4% | C. 执行体系交叉占 27.3% | D. 决策体系响应速度慢占 18.2% |
| 您认为学术委员会最核心的职能 | A. 学术事务决策占 54.5% | B. 学术工作监督占 9.1% | C. 学术事务执行占 18.2% | D. 学术评价占 18.2% |

从表 1.1 中可以看出，36.4%的人认为权力制衡是依法治校的重要措施，45.5%的人认为权力制衡是教授治学的重要作用。问卷调查结果显示 72.8%的人认为民主管理制度不健全是推行民主管理的最大障碍，45.5%的人认为教师委员会是当前学院推行民主管理应最先设置的组织机构。认为专人主管法制工作是依法治校的重要措施的占 27.3%，认为开展师生法制教育是依法治校的重要措施的占 27.3%，没有人认为聘请专职律师是依法治校的最重要的措施，因此可以肯定教职工对权力制衡的认识最深，大学章程中应该把关于大学权力的分配和制约放在重要的位置。

2. 在人人成才体系上，重点加强人人成才平台的建设

人人成才体系方面的调研问卷共设置了 5 道问答题和 8 道单项选择题，从调查结果来看，教职工普遍认为学院应该亟须加强人人成才平台的建设，应重点组织多规模多种形式的社会实践活动，改善学生职业素质体验与公益劳动课程实施的方式。调查数据如表 1.2 所示。

**表 1.2　人人成才体系调研数据汇总**

| 项目 | 选项 A 所占比例 | 选项 B 所占比例 | 选项 C 所占比例 | 选项 D 所占比例 |
| --- | --- | --- | --- | --- |
| 您认为学生最重要的权利 | A. 学院办学知情权占 20.7% | B. 学生处理申诉权占 19.5% | C. 参与学院管理权占 23.2% | D. 自我管理权占 36.6% |
| 您认为学生代表大会最重要的作用 | A. 产生自我管理机构占 19.5% | B. 争取学生权益占 35.4% | C. 参与学院管理占 18.3% | D. 人人成才平台占 26.8% |
| 您认为学院人人成才平台最重要的载体 | A. 分类教学及评价占 7.3% | B. 学生社团占 9.8% | C. 有组织的社会实践活动占 68.3% | D. 自我安排的社会实践活动占 14.6% |
| 您认为学院现行学生管理制度方面最突出的问题 | A. 管理者服务意识差占 11% | B. 激励机制不完善占 26.8% | C. 惩处制度不严格占 23.2% | D. 缺乏对学生的专业化指导占 39% |

**续表 1.2**

| 项目 | 选项 A 所占比例 | 选项 B 所占比例 | 选项 C 所占比例 | 选项 D 所占比例 |
| --- | --- | --- | --- | --- |
| 您认为学生学风不良问题的关键是 | A. 教师水平不高占 4.9% | B. 学生学习态度不端正占 57.3% | C. 学院惩处制度不严格占 19.5% | D. 课程设置与社会脱节占 18.3% |
| 您认为职业素质体验与公益劳动课程实施的最好方式是 | A. 协助做好环境卫生维护与保持工作占 31.7% | B. 以助理身份协助做好行政服务工作占 15.9% | C. 以助理身份协助做好教学实施工作占 47.6% | D. 以助理身份协助做好科研工作占 4.9% |
| 您最认同的以人为本的学生服务模式是 | A. 首问责任制占 3.7% | B. 一站式学生服务中心占 58.5% | C. 实训室周末对学生开放占 19.5% | D. 训练馆向学生开放占 18.3% |
| 假如您的同学因违反校规校纪被开除学籍，您的第一反应 | A. 该生咎由自取占 42.7% | B. 该生可能被冤枉占 7.3% | C. 该生家长有责任占 11% | D. 辅导员和学院有责任占 39% |

从表 1.2 中可以看出，广大师生认为学院人人成才平台最重要的载体是有组织的社会实践活动，其次是自我安排的社会实践活动，这说明社会实践活动在人人成才平台上发挥着举足轻重的作用，而且大部分的学生认为社会实践活动，特别是有组织的社会实践活动对于自己的成才成长很有帮助。

另外，在“您认为学生最重要的权利”一题中，选择最多的是自我管理权。说明学生对被动的管理存在抵触情绪，希望赋予更多的自我管理的权利。对于“您认为职业素质体验与公益劳动课程实施的最好方式是”的看法中，认为以助理身份协助做好教学实施工作的占 47.6%，选择协助做好环境卫生维护与保持工作的学生占 31.7%，选择以助理身份协助做好行政服务工作的学生占 15.9%，这说明广大师生对当前职业素质体验与公益劳动课程实施的形式存在不满意，更希望同学们通过教学实施的体验提高自身素质。学院应该多尊重学生的主体地位，用引导代替管理，相信学生的自我发展的能力。

### 3. 在教师增值制度环境上，要加强教师在现代大学中的地位和作用，建立多元的激励方式

从教师增值制度环境来看，教职工普遍认为学院要加强教师在现代大学中的地位和作用。学院应重点维护教师权利，特别是自我发展的权利，发挥教职工代表大会的重要作用。具体情况如表 1.3 所示。

调查结果表明，一半以上的教师认为教师的自我发展权是第一位的，是最重要的教师权利，另外小部分的教师认为学院的办学知情权也是非常重要的。一半的教师认为教职工代表大会最重要的作用是争取教师权益，其次是提出章程修改意见和建议，没有教师选择“评议学院领导干部”。这两项调查结果说明，相比其他权利，很多教师更注重自我增值、自我发展，并希望教职工代表大会为自我争取到更多的权利。

学院应加强协同创新激励机制的建设，真正打破院系壁垒，建立多元的激励方式。在“您认为协同创新面临的最大困难”一题中，选择“激励机制缺失”的教师占 64%，选择“ 员工理念落后”的教师占 12%，选择“院系二级管理制度”的教师占 12%，选择“部门职能划分不清”的教师占 12%。说明大部分老师认为协同创新的动力不足，是激励机制不健全导致的，希望建立完善的激励机制。在学风不良方面，50%的教师认为学院惩处制度不严格是学生学风不良的关键，38%的教师认为学院惩处制度不严格是学院现行学生管理制度方面最突出的问题。说明学生管理制度中奖惩制度亟待改进，公平、合理、严格的奖惩制度可能成为解决学风不良问题的关键。

**表 1.3　教师增值制度环境调研数据汇总**

| 问题 | 选项 A 所占比例 | 选项 B 所占比例 | 选项 C 所占比例 | 选项 D 所占比例 |
| --- | --- | --- | --- | --- |
| 您认为教师最重要的权利 | A. 学院办学知情权占 26% | B. 违纪处理申诉权占 4% | C. 参与学院管理权占 16% | D. 自我发展权占 54% |
| 您认为教职工代表大会最重要的作用 | A. 提出章程提出修改意见和建议占 26% | B. 争取教师权益占 52% | C. 重大事项决策占 22% | D. 评议学院领导干部占 0 |

续表 1.3

| 问题 | 选项 A 所占比例 | 选项 B 所占比例 | 选项 C 所占比例 | 选项 D 所占比例 |
| --- | --- | --- | --- | --- |
| 您认为学院人人成才平台最重要的载体 | A. 分类教学及评价占 36% | B. 学生社团占 10% | C. 有组织的社会实践活动占 42% | D. 自我安排的社会实践活动占 12% |
| 您认为学院推行民主管理的最大障碍 | A. 员工民主管理意识淡薄占 20% | B. 院领导及中层干部民主管理意识淡薄占 16% | C. 民主管理机构不健全占 34% | D. 民主管理制度不健全占 30% |
| 您认为教授治学最重要的作用是 | A. 制衡行政权的滥用占 16% | B. 保障学术自由占 38% | C. 公正评价学术成果占 42% | D. 协助行政管理占 4% |
| 您认为当前院系二级管理中最大的问题 | A. 系(院)权责不匹配占 34% | B. 系(院)权力过大占 4% | C. 院系权限不清占 46% | D. 系(院)管理机构缺失占 16% |
| 您认为协同创新面临的最大困难 | 激励机制缺失占 64% | B. 员工理念落后占 12% | C. 院系二级管理制度占 12% | D. 部门职能划分不清占 12% |
| 您认为学院治理体系最迫切要解决的问题 | A. 行政管理机构设置占 8% | B. 监控体系缺失占 38% | C. 执行体系交叉 18% | D. 决策体系响应速度慢占 36% |
| 您认为学术委员会最核心的职能 | 学术事务决策占 32% | B. 学术工作监督占 22% | C. 学术事务执行占 24% | D. 学术评价占 22% |
| 您认为学院现行学生管理制度方面最突出的问题 | A. 管理者服务意识差占 14% | B. 激励机制不完善占 24% | C. 惩处制度不严格占 38% | D. 缺乏对学生的专业化指导占 24% |
| 您认为学生学风不良问题的关键 | A. 教师水平不高占 2% | B. 学生学习态度不端正 30% | C. 学院惩处制度不严格占 50% | D. 课程设置与社会脱节占 18% |

## (三)调研结论

1. 教职工对现代大学制度的构建形成了比较清晰的认识

大部分的人都认为大学应该在国家的宏观调控政策指导下，面向社会、依法自主办学，实行科学管理，完成现代大学制度的真正变革。评价现代大学制度是否建全的主要标准是：按要求制定大学章程、制定党委领导下的校长负责制议事规则、完善教授委员会和学术委员会等。大学章程是现代大学制度的主要载体，大学章程的主要功用是规制大学权力运行。大学章程的制定既要符合法定要求，又要体现学校特色，而且要获得广大师生员工的认同。制定过程中要注意 6 个方面：一要以师生的根本利益为出发点，要有利于调动师生的积极性；二要树立法制观念和法治精神，进一步建立科学合理的运行机制；三要充分尊重学术，使教授成为参与规划学术发展方向、合理配置学术资源、协调学术关系、评价学术成就的重要力量，实现教授治学；四要尊重二级单位，充分尊重学院、院系的办学自主权；五要让权力在阳光下运行，增强权力运行的公开性和透明度；六要注重民主协商，发挥教代会在民主管理中的作用。现代大学制度建设必须有利于培养各类优秀人才和产出高水平研究成果。人才培养是大学永恒的主题，教学、科研、社会服务只是人才培养的三种不同方式，因此，评价现代大学制度建设的有效性最终要看是否培养出各类优秀人才。培养各类优秀人才需要高水平的教师队伍。也有人认为，要建立真正的现代大学制度就是要实现“管、评、办”分离，同时也提出质疑，伴随深化教育体制改革的脚步，政府在放权的同时应该如何引导学校发展，学校如何完善内部治理结构，社会如何开展教育评估检测？

2. 对于现代大学治理体系的整体构架进行了深入思考

从外部关系体系和内部管理体系两个大的方面深入思考了现代大学治理体系，包括现代大学与各级政府、现代大学与企事业单位、现代大学与其他大学三者之间的外部关系；行政管理运行体制、学术权力保障制度和分配激励机制三个方面的内部关系。就内部治理结构优化、章程(草案)整体框架及涉及学院管理体制、对外关系、教师权利与义务、学生参与学院管理、人才成才平台构架、教师参与学院管理、教师职业成长及学院治理构架、相关制度等专项内容提出了意见和建议。

3. 学校的管理体制机制还存在诸多亟待改进的问题

在调查中发现，有一些人认为职能部门的权责利交叉与不明晰是导致办事效率低下、责任相互推诿的原因，希望从制度方面更加明确各部门的职能。学院的资产管理必须优化，实训室、实验室等资源的利用率低，存在长时间闲置的现象，希望学院从制度层面规范资源的利用并优化资源配置。

学风作为备受关注的一个问题被多次提出，访谈中，大部分师生认为当前学风不正的主要原因是学生管理中奖惩措施未落实到位，从而形成恶性循环。调查问卷显示，一半以上的教职工认为学生学风不良问题的关键是学习态度不端正，只有很少一部分教职工认为学风不良问题的关键是教师水平不高，对于学生因违反校纪校规被开除学籍的调查中，大部分教职工的第一反应是该生咎由自取，只有一少部分教职工的第一反应是该生可能被冤枉。

## （四）调研建议

1. 学院治理体系和治理能力建设对于学院的发展至关重要

结合工作要点，学院按照中央和教育部党组的要求，以完善科学规范的教育治理体系，形成高水平的教育治理能力作为工作总目标、总要求，进一步加强领导班子自身建设，完善内部治理结构；深化综合改革，坚持以是否有利于提高人才培养质量、是否有利于增强学校综合实力、是否有利于提高师生学习工作生活质量为标准，来衡量改革成效，完善改革举措，积极有序推进改革步伐；坚持内涵发展，正确处理队伍建设中的各种关系，处理好发展优势学科与建设新学科的关系等；深化党建思政工作，增强干部队伍执行力，开创学校建设发展新局面。

2. 治理体系的架构、人人成才体系的构建、教师增值制度环境建设是提升学院治理能力的关键，保护与落实相关者的利益

学院定期开展学习“治理体系的架构、人人成才体系的构建、教师增值制度环境建设”方面的学习会议和开展情况汇报工作，强调主体参与的多维性和路径的双向性，体现以人为本的执政理念，强调“由上到下”和“由下到上”的结合。

3. 更应多发挥学术组织的作用

如何充分发挥学术组织的作用，是当前全国高校管理体制中一个普遍性的

问题。目前我国公办高校实行党委领导下的校长负责制，在执行的过程中存在一些问题，如高校管理中的行政化倾向、教职工中的官本位思想、学术机构作用的边缘化等。有关领导和专家学者在论及高校领导体制的时候，有一个重要的观点就是高校管理需要处理好党政权力和学术权力的关系，在高校中给学术权力以一定的地位，这是健全和完善党委领导下的校长负责制，提高高校管理水平的一个重要的无法规避的问题。

因此，要想在坚持党委领导下的校长负责制的同时充分发挥学术组织的作用，必须采取以下措施：第一要建立健全学术组织和有关制度。从学校到院系各级都应当建立由教授、专家、学者参加的学术组织，加强制度建设，用制度来保证这件事情的落实。第二要建立、健全参与决策的程序。第三要加强对学术活动的领导。大力支持学术组织开展学术活动，营造学校“学术自由”的浓厚氛围。要给教授、专家、学者充分的尊重，给他们以应有的政治和生活待遇，使他们在师生中间及社会上享有应有的地位，以充分调动教授、专家、学者在教学、科研活动和教学管理中的积极性、主动性和创造性，使学校的教学、科研活动焕发出应有的生机和活力，迅速提高学校的教学、科研和学术水平。第四要明确学术组织的职权。

## 二、国内发达地区高职院校内部治理调研

江浙地区高职院校的发展作为中国职业教育发展的重要排头兵，在内部治理方面有很多值得借鉴的经验。由某高职院校副校长带队，科技处、人事处、对外合作交流处、发展规划处共同参与的调研组，就高职院校科研管理政策的制定与应用情况、高职院校国际交流经验、高职院校校企合作管理经验等内容，通过为期 15 天的实地考察对浙江地区 3 所高职院校进行了专题调研。

### （一）调研院校的基本情况

1. A 学院

A 学院属国有公办院校，是国家示范性（骨干）高职院校。学校占地 1000 余亩，建筑面积为 32.3 万平方米，目前共开设有 53 个专业，构建了电子整机

类、先进制造装备及技术类、电子元器件类、软件类、数码艺术类、通信工程类、信息服务类、新能源技术类八大专业群，在校学生12000余人，固定资产超过10亿元，企业捐赠、准捐赠的仪器和设备总值超过1亿元。学校入选教育部“全国高职院校服务贡献50强”。

2. B学院

B学院属国有公办院校，是国家首批28所“国家示范性高职院校”之一。学校占地850余亩，建筑面积为34.6万平方米，资产总额11亿元。目前设有机械技术学院、控制技术学院、物联网技术学院、汽车与交通学院、管理学院、财经学院、外语与旅游学院、艺术与设计学院、基础课教学部、思想政治理论教学部、体育部、继续教育学院、国际教育学院13个教学单位，目前全日制本专科生和留学生12800多人，教职工800余人。2012年开始试办四年制高职本科教育，培养本科层次的技术技能型人才。

3. C学院

C学院属国有公办院校，是国家示范性高职院校。学校占地2216亩，建筑面积为69万平方米，教职工1397人，其中教师980余人，固定资产12.1亿元。现有13个二级学院，招生专业63个，其中国家重点支持建设的示范专业3个，省优势专业6个，省特色专业11个，省级重点学科1个，四年制高等职业教育人才培养试点专业2个，联合办学本科专业教学点1个。

### （二）调研院校的经验与特点

综合A学院、B学院、C学院的情况来看，主要经验表现出很多共同的特点，有人、财、物的大力支持，也有管理制度的完善；有权、责、利的清晰，也有政策解读的灵活。具体表现为以下几个方面。

1. 科研人才队伍建设内外结合

（1）科研人才队伍建设采用人才的培育和引进相结合的方式，以加强领军人才、核心技术研发人才培养和创新团队建设为基础，培育稳定的人才团队。以B学院智能制造工程中心为例，通过中心主任作为领军人物，依托机电、机械、物联网专业，形成了工业机器人集成应用、数字化管控、数字化设计与制造3个研发团队，省“金蓝工程”科技创新团队3个。培育了国家教学名师1名、省教学名师4人，享受国务院政府特殊津贴专家1人，以及一批核心技术研发人才。

(2)在人才培育的同时，加大高层次人才、紧缺人才的引进力度，组织实施人才推进计划。考察的A学院、B学院、C学院都形成了一整套完整的人才引进机制，通过住房福利、安家费、科研启动费等一系列措施吸引人才，引进条件十分优越。其中C学院引进优秀人才的做法是分层次制定政策待遇。

2. 科研考核和激励机制健全有力

(1)建立了分岗位、分层次的科研与教学工作考核机制。

实施了按教师类别设置的科研和教学工作考核制度。调查的三所院校都建立了完善的科研考核制度，明确规定了不同岗位、不同层次的教师每年必须完成的科研和教学工作量。并为具有科研特长的教师设立了专职科研岗，量化科研任务，减少教学工作量，增加科研工作量。

A学院设置了教学和专职科研岗位。专职科研岗位对教学工作量不做要求。教学工作岗位则需要同时完成规定的教学和科研课时。其中，正高、副高、中级和初级教师分别需要完成320、340、360、380个教学课时；初级职务不要求完成科研工作量，中级、副高和正高职务教师则需要另外完成60、40、20个科研课时(发明专利40课时，实用新型专利给20课时，授权再给20课时；发表普通学报论文每篇给20课时，发表核心学报论文每篇给40课时)。

B学院设置了专业科研岗位，只按科研任务考核，没有教学任务要求。其他专职教师则是根据上年度完成科研任务的情况，确定下年度的教学工作量标准。如B学院控制工程学院科研任务完成得好的，下年度可以只需要完成40%的教学工作量，反之，科研任务完成得不好的，最高必须完成140%的教学工作量。

C学院设置了专职科研人员，不要求坐班，根据技术职务高低明确规定了科研任务，如正高需要完成下述任务(任意2项)：一是获得一项发明专利授权；二是完成一项省级纵向项目；三是主持省级科技平台；四是横向到账经费20万元以上。

(2)建立了“奖励+绩效+工作量”相结合的三重科研激励模式。

三所高等职业院校都采用了“立项奖励+到账金额*N*%(绩效)+折算工作量”的三重激励模式，对于教师科研给予时间、经费等方面的直接支持。B学院的做法是：获得并完成一项国家级项目，自科类奖励 20 万元+到账资金的 5%+二级学院教学工作量奖励；社科类奖励 20 万元+到账资金的 10%+二级学院教学工作量奖励；获得并完成一项省级重点项目(课题)，自科类奖励 10 万元+到账资金的 5%+二级学院教学工作量奖励，社科类奖励 10 万元+到账资金的 10%+二级学院教学工作量奖励，按国家级、省部级、市厅级等级以此类推。另外，A 学院实施申报即奖励，申报课题立项奖励全额奖金，未立项奖励全额奖金的一半。申报成功的科研项目按进账经费奖励课时(每万元奖励 100 课时，相当于 5000 元)，申报发明专利先奖励 40 课时，申报成功后另外奖励 5000 元。学校还负责横向项目税费。科研按常规教学单元的倍数给工作量的折算方式保障了科研型教师的教学工作量的完成，优厚的奖励政策保证了项目的完成质量。

(3)建立以金额等级为层级的经费报销程序。

B 学院的做法是按金额大小分三类：一类是 1 万元以下的经费报销，由经办人、项目负责人签字报销；二类是 1 万元至 10 万元以下的经费报销，由经办人、项目负责人、科技处负责人签字，报科技处负责人、分管校领导审批报销；三类是 10 万元以上的经费报销，由经办人、项目负责人、科技处负责人签字，报科技处负责人、校长审批报销。这样减少了很多繁复手续，留给教师更多科研时间。B 学院院科研经费报账只需要课题组成员提交课题负责人签字后交财务处负责人审核签字后即可报账，节省了科研人员报账签字的时间。

(4)建立了以维护学校知识产权为目的的经费资助制度。

为鼓励教师们积极申报知识产权，考察的学校均包揽了申报知识产权需要的所有费用。三所院校的共同做法是：发明人申报职务专利与软件著作权时，应按国家知识产权和中国版权局的规定按时交纳各种费用，委托专利代理机构代理需交代理费。其中专利代理费由发明人凭专利申请号到科技产业处认定后办理报销手续；专利申请费、复审费、维持费等均由学校支付。这从经济上保证了因为申报和维护费用过高对于教师知识产权保护不足的问题，提升了专利和软件著作权的申报率和授权率。

3. 协同创新能力优势明显

(1)三所院校分别依托二级学院成立了智能制造中心、协同创新中心等科研平台，积极开展创新人才培养、研发活动、科技成果转化和产学研合作等

4个方面的工作。A学院建立了工程研究中心，设有专职管理人员和3名专职科研人员(有10万元以上的横向技术服务项目)。B学院智能制造工程中心允许有项目的教师在中心带领学生搞科研攻关或者技术服务(冲抵学分)。C学院的省级社科重点研究基地设立了科研专岗。借助科研平台建设，各校均在课题立项(特别是横向课题)、专利申请授权、技能竞赛实训上取得了很好效果，A学院年均的横向科研经费总数达千万元，B学院和C学院年均横向科研经费约350万元左右。三所院校的专利申请和授权量年均超过100项，其中发明专利年授权量均超过10项。同时，C学院通过中心，以导师制的模式带动学生做科研和竞赛培训，近三年学生科技竞赛获国家级奖102项、省级一类奖400余项。

(2)三所院校的校企合作都采用校企合作处统一管理，二级学院负责的形式，以指标核算为考核标准，校企合作处通过指标考核完成对平台创新能力总体状况和基本特征的监测，做到了管理和服务的统一。C学院建有“众泰汽车学院”“皇冠学院”“高新IT学院”等11个校企利益共同体，均采用该模式，权利和责任下放给二级学院，效果良好。

4. 科研影响力和国际影响力持续提升

(1)三所院校近年都在科研上取得了新突破。

三所院校分别在国家自然科学基金项目和社科项目、国家教育科学规划、教育部人文社科项目等研究领域取得了立项项目，并在专利申请授权数量、国内外学术影响力较强的学术学报上发表的论文数量上激增。其中，A学院目前拥有39项国家自然科学基金、省自然科学基金、省科技厅科技支撑计划等省级以上科研项目，承接企业横向项目430余项，获发明专利、实用新型、外观设计专利授权140余项，软件著作权登记授权45项，在各类学报发表论文4500余篇。C学院承担国家级科研项目16项，其中国家自然科学基金项目4项，国家教科规项目2项，国家星火计划项目10项；省部级立项课题245项，其中省自然科学基金项目41项，省科技厅资助的重大科技专项项目3项，其他省科技计划项目116项，省哲学社会科学规划项目73项，其他项目12项。

(2)三所院校都在大力实施国际化办学水平提升工程。

三所院校都在中外合作办学项目及留学生招收上起步较早，而且在一段很长时间内，经过借助强有力的平台来达成合作，促进国际化发展与合作。最重要的经验，就是学校主要领导高度重视国际交流合作工作，学校开展国际交流合作工作的氛围浓厚及保障措施（制度保障、人力、物力、财力的大力投入）有力，形成一个了上下齐心、协同合作的国际交流合作发展环境。C学院与36个国家和地区百余所高校、教育机构建立了长期合作关系，先后招收50多个国家的500多名留学生。A学院与加拿大BCIT、澳大利亚TAFE以及德国、法国、新加坡、韩国等国外的院校开展了合作办学，并参与江苏省教育国际交流服务中心的“海外本科直通车”项目，合作办学项目培养学生1000余名。B学院形成了成熟的6个中外合作办学项目，招收留学生300多名。

## （三）对高职院校内部治理结构改革的启示

1. 须从全面促进各项科研工作入手加强高职院校内部治理结构改革

通过规范与加强各类科研项目的管理、创新制度体系建设、加大科研人才引进力度等方式，加大科研扶持力度，提高高层次项目申报的竞争力和立项率，提高专利和软件著作权的授权率，提高科研经费的使用效率，更好地调动教师从事科学研究的积极性，促进学校科技工作和谐持久的发展，提高学校的核心竞争力和社会影响力。

（1）出台科研考核与奖励制度，做到人人有目标，个个有压力。

高职院校完善治理结构，需组织相关职能部门共同研究科技处起草的科研考核与奖励制度。需设立科研专岗，为有科研专长的教师专心科研工作创造条件。需明确教学型、科研型、双师双能型等不同类型教师的教学、科研和其他辅助工作任务标准和量化考核办法。需做到科研工作每个部门都有目标，每个教师都有科研、有任务。

（2）加强科研人才引进力度，打造科研领军人才。

高职院校完善治理结构，需建立科研人才挖掘渠道，发动全校师生挖掘和推荐企业、高校优秀科研人才，将人才推荐和引进工作纳入部门工作月度考核。需建立特殊人才引进的绿色通道，对于确实符合学校科研工作的人才，就要不受学历、职称和年龄限制，不拘一格地大胆引进和使用。当前大部分高职院校科研基础十分薄弱，卓越院校和双高建设任务十分紧迫，人才引进工作效率急需提高。

(3)实施科研创新团队管理制度，加强科研团队的建设。

高职院校完善治理结构，需实施校级科研团队管理制度，把提高整体实力作为切入点，为基础较好的科研团队在科研设备的使用、教学任务的安排、科研项目的立项和科研活动费用方面给予特别的支持。同时，需为每个科研团队配备一名高水平的校外专家，在研究方向、研究内容、研究路线方面进行指导。高职院校应瞄准国家级科研项目，加强团队带头人的培育，合理建设梯队，充分发挥人才的团队效应和聚集效应。

(4)建立知识产权申报管理专项经费制度，推动高水平知识产权成果的产出。

高职院校完善治理结构，需充分调动广大教师的创造性、积极性，通过建立知识产权申报管理专项经费，报销教师的知识产权申报及维护费用，提升教师申报科研项目、专利、软件著作权的积极性，推动高水平科研成果的产出，促进科技成果的推广应用。

(5)开展科研平台建设，促进学科交叉融合。

高职院校完善治理结构，需通过在学校设立协同研究中心、各二级学院设立应用技术服务中心等科研平台，促进学科交叉融合、加强高层次创新人才培养，这对提高学院科研水平，教师的综合能力有重要作用。

学校协同研究中心和应用技术服务中心的建设涉及学校机构的设置、专职科研岗位的设置、人才的引进、研究方向的选择、研究场所和设备的配备以及研究队伍的建立等工作，涉及人事、财务、教学、对外合作、二级学院等多个部门。高职院校完善治理结构，需校领导牵头组织上述部门对协同研究中心的建设方案开展研讨，形成共识。

2. 加强校企合作建设推进高职院校完善治理结构改革

高等职业院校需通过提升校企合作的质量、校企合作的品牌建设等方式，充分发挥职业教育在服务当地经济建设和社会发展中的作用，提升学校办学层次，提高学生的实践技能，更好地适应国家经济产业转型升级、区域经济发展对人才培养的新要求。

(1)提升校企合作质量。

高职院校完善治理结构，需对发展不景气、多年没有实质合作、名存实亡的合作企业，解除合作关系。对现有合作企业中有发展潜力、有提升空间的，要进一步深化合作，提升为校企利益共同体，努力与世界500强、国内500强、地方机关或事业单位建立紧密的合作关系。

（2）做出特色，做强品牌。

高职院校完善治理结构，需探索各二级学院“一学年、一专业、一合作、一品牌”的建设模式。各二级学院每学年每个专业群要做大、做强、做实、做精一个以上的合作项目，学校通过评比奖励的形式来推进合作的特色化、品牌化建设。

（3）对校企合作利益共同体进行评估和监督。

高职院校完善治理结构，需各二级学院将现有的合作情况、存在的问题、工作计划以书面的形式总结报送对外合作部门，由各学校通过一定的形式适时组织评估。

（4）通过培训基地建设，引入企业的培训项目。

高职院校完善治理结构，需输出一部分老师负责培训项目，解决企业培训的师资力量。教师无缝对接企业员工，双证上岗，提升教师的实践能力和综合素质，反哺教学。

3. 扩大对外交流的深度和广度

高职院校完善治理结构，需通过拓展中外合作办学、交流互访等方式，充分把握“一带一路”倡议契机，大力实施国际化水平提升工程，构建多国别、多专业、多模式的中外办学体系，加快国际交流合作工作，提升学校国际影响力。

（1）高职院校要从战略发展层面上高度重视国际交流合作工作。

高职院校完善治理结构，需建立国际学院机构（与对外合作交流处合署办公），完善机构改革、充实人才资源。积极拓宽开放办学视野，与国外的教育机构开展了多种形式的交流与合作。

（2）高职院校要以问题导向为着力点来发展国际交流合作工作。

高职院校完善治理结构，需找准国际交流合作制约短板，采取项目方式进行短板攻关，学校主要领导亲自上阵谈项目，谈合作，疏关系，聚资源。注重项目设计推进，在专业建设、学术交流、交换留学、专业认证、合作办学机构等方面不断创新交流与合作。

（3）采用引进来、走出去的方式丰富高职院校管理人员的国际视野。

在引进来这一方面：加强与美国、欧洲、澳大利亚等有关国家的教师交流、学生交流工作，争取开展中外合作办学项目，深化中外合作项目，建设中外合作办学机构。在走出去这一方面：加强与泰国等东南亚“一带一路”沿线发展中国家的合作，加大信息化和人才的投入，着力形成一系列走出去的特色项目，特别是对已起步的合作，再支持一下、再推动一下，打造走出去的合作项目案例，实现国际影响力的突破。另外，要不断丰富教师交流、管理人员交流的形式，让国际化发展的气氛在学校内部迸发，形成人人都是参与者、个个都是冲锋员，国际化步伐不断加快的新局面。

高职院校只有继续以提升内涵为重点，实施特色强校战略，不断深化治理结构改革、探索创新，不断地学习先进的经验，才能更加坚定地朝着办学特色鲜明、人才培养质量高、服务区域经济能力强、具有国际影响力的全国一流高职院校的目标阔步迈进。

## 三、新西兰的职业院校内部治理研究

### （一）调研目的

（1）调研新西兰的职业院校优质的内部治理结构，包括管理资源和先进的产教融合、科教融合理念，以拓宽眼界及知识面，培养管理人员的创新思维，拓宽学习途径，发掘自身潜力。

（2）调研新西兰的职业院校的国际影响力、国际合作、校企合作、科研管理能力。

（3）调研新西兰的职业院校的管理文化氛围。

（4）调研新西兰的职业院校科技创新创业能力发展，学校创新创业科研管理水平。

### （二）调研过程与内容

调研团一行从广州出发，次日抵达新西兰奥克兰，在新西兰的调研工作正式开始。调研历程如表 1.4 所示。

**表 1.4　新西兰的职业院校调研历程**

| 时间 | 内容 |
| --- | --- |
| 第 1 日 | 调研团团长、带队副校长召集全体成员开会，强调了研究过程中的注意事项，布置了调研过程中每天写日记等任务。在新西兰相关院校老师的辅助下，全体成员深入了解了怀卡托理工学院和奥塔哥理工学院的基本情况，并对调研需要了解的问题进行了前期沟通 |
| 第 2 日 | 抵达新西兰达尼丁，步行赶往本次研修的第一所大学奥塔哥理工学院的达尼丁校区，首先熟悉了达尼丁校区的基本情况，参观了学院的部分实训场地，与达尼丁校区调研的指导老师就调研目标、方式、内容进行了全面沟通 |
| 第 3 日 | 在新西兰方传统的毛利欢迎仪式之后，调研团在奥塔哥理工学院的达尼丁校区开始调研。达尼丁校区联系人详细介绍了怀卡托理工学院的情况、奥塔哥理工学院在新西兰大学中的地位、人才培养整体目标、教学区的基本布局、特色化的校企合作模式、与国内院校的合作办学方式等，并带领调研团实地了解了奥塔哥理工学院的管理部门。随后，指导老师详细介绍了奥塔哥理工学院的管理组织架构、新西兰资格认证局(NZQA)的特色，并与团员进行了广泛交流 |
| 第 4 日 | 指导老师具体介绍了奥塔哥理工学院的课程设计方法以及设计思路和标准，强调以学生为中心的思想。校企合作部门的老师介绍了奥塔哥理工学院校企合作部门的组织架构、商业发展服务模式和校企合作方式，并进行了经验交流。CEO 介绍并详细讲解了奥塔哥理工学院在新西兰独有的学分银行职业技术课程培训认证体系 |
| 第 5 日 | 人事资源总监介绍了奥塔哥理工学院在教师聘用、后续培养、薪资待遇、上升通道等方面的做法，并与调研团进行了广泛交流 |
| 第 6 日 | 系统了解优才平台。这个平台是针对毕业生的专业技能以外的其他可转换技能，共总结为 24 项可转换技能。雇主方可根据自身企业的岗位实际需求，参考优才平台上的学生技能来选择企业需要打员工。毕业生也可以通过这个平台找出自己的不足，根据企业需求补足自身不足，提高自己来满足企业要求。接着，调研团与来自达尼丁市政厅的负责人进行了沟通座谈，了解达尼丁政府在校企合作、创新创业方面为企业和高校提供的帮助。最后，调研团了解到了是奥塔哥理工学院科研机构构架和目标，以及奥塔哥理工学院通过在二级学院设立专门的科研干事的方式，有针对性地了解和帮助老师进行科研等 |

续表 1.4

| 时间 | 内容 |
| --- | --- |
| 第 7 日 | 调研团到达了奥克兰，来到了奥塔哥理工学院奥克兰分校。通过指导老师的介绍，了解了奥克兰分校要求毕业后的学生必须具备创造力、解决问题的能力、思考力、合作能力、交流能力、道德品质等 6 个方面的能力。目前，分校有语言课程，计算机课程，市场营销等本科课程，研究生有工商管理硕士，也开始招博士生。校区主要的学生和老师都是多元化的，但主要是中国和印度的学生。分校保证每个学生有实习单位，能学到东西，不会浪费时间。每年开班有 5 次，并且每 8 个月需安排学生实习，帮助学生做好就业准备。学校还专门组建了学生成功部门，帮国际学生就业、做好出国的心理准备等 |
| 第 8 日 | 调研团到达怀卡托理工学院所在地哈密尔顿市。全体团员总结前期的研修成果，并完成阶段性总结报告。随后，在新西兰方老师的带领下，全体成员来到了怀卡托理工学院，就前期的调研情况与老师进行了长时间的沟通 |
| 第 9 日 | 调研团与怀卡托理工学院的国际交流处处长、教务处处长等领导就调研内容、注意事项进行了沟通，并初步了解了学院的办学思路、校企合作模式、科研管理方式等方面的情况 |
| 第 10 日 | 怀卡托理工学院教务处处长给调研团介绍了怀卡托理工学院教育教学的三大原则五大实践、教师支持系统。并就如何让学生配合教师完成教学、课程设计如何与工作岗位与时俱进等问题，与调研团进行了探讨。调研团来到怀卡托理工学院新西兰设计工厂(Design Factorg NZ)进行学习 |
| 第 11 日 | 调研团 10 人分为两组，以怀卡托理工学院的学生为载体，坚持保持开放的态度、倾向于不确定性、以人为本、真诚批判对事不对人五大原则，完成针对学生特点的项目学习方法设计。调研团来到怀卡托理工学院的中小企业孵化器，CEO 热情接待，并详细介绍了孵化器的创建原则、规模、组织构建、企业申请流程、辅导员制度、孵化器目前遇到的第二次投资的问题 |
| 第 12 日 | 调研怀卡托理工学院在科研组织、科研种类、科研激励措施、科研现状、科研成果等方面的内容，突出了发表权威学报和著名会议学报对科研资金获得的重要性。由怀卡托理工学院的科研优秀教师介绍了目前承担的科研项目和已获得的科研成果 |

**续表 1.4**

| 时间 | 内容 |
| --- | --- |
| 第 13 日 | 怀卡托理工学院针对调研团老师的专业，分别安排了对口专业的老师对专业的科研课题进行了研讨，具体包括科研课题的选题、申报书的撰写、研究方法的创新等方面的内容 |

## (四)调研成果

### 1. 拓展了视野，锻炼了科研管理人员领导力与管理设计思维，为科研治理开辟了新思路

(1)加强研究的应用性。

把教师科研融入学校的愿景中，融入学校持续发展的目标中，把为了研究而研究变成为了应用而研究，针对性加强。

(2)建立科研中心。

高职院校可通过科研中心为教师和学生提供一个从理论到实践的转化平台，提供技术娴熟的指导老师，避免从理论到实践过程中的操作误差，提升成功的概率。

(3)提高科研网站的实用价值。

高职院校可建立科研网站的成果展示网页，既给科研工作者提供了展示平台，提高了成果的曝光率，增加了其转化的可能，又为高职院校的科研项目的合作提供了前期研究的支撑。

### 2. 掌握了新西兰的职业院校先进的校企合作、创新与创业相关知识，拓宽了深化校企合作工作的途径与思路

(1)掌握了新西兰的职业院校校企双主体合作的模式。

新西兰的职业教育校企合作模式一般包括工作实习、研究基金、创建商业实体、搭建战略联盟和用人单位合作等，这些模式突出强调了政策法规视角下，校企“双主体”的治理结构的作用和实现途径。

(2)新西兰的职业院校通过校企合作提升学生的就业率。

职业院校在以学生为中心的教育理念下，基于成果导向的专业建设与课程设计理念，使得学生能够以创新的方式学习到与产业相关的技能，在创新环境

下反映“真实的世界”U 毕业生质量能够得到保证并得到用人单位的信任。

(3)科研与合作支持相结合，提升了校企合作的层次与质量。

校企合作为员工和学生的调研活动提供支持，包括企业尖端实践支持，内部和外部的资金支持，研究报告、研究项目管理、行政管理支持和使用一系列科研的支持。

3. 掌握了新西兰教育机构的治理理念与经验，更新了适应新时代的职业教育治理理念

(1)Capable 平台。

奥塔歌理工学院重视软实力和可迁移能力，把不可测试的长期形成的迁移能力确定为平台 24 项软实力，把每一个要素拆分出来，形成学生能评估的直观的评判标准，每个点都需要学生提供可证明的材料，告诉学生你学了什么，如何证明，老师用证明材料与标准对照，进行确认。系统同时可以显示学生实习时用人单位对于学生的评价以及学生学业水平成长经历。给学生在毕业找工作时提供强有力的支持，让学生自己厘清自己的成长思路。

(2)新西兰的设计工厂理念。

一个共同创造的空间，让跨学科、学生团队与行业伙伴一起解决复杂的问题。重点是老师引导学生从一个问题着手与企业商讨企业的困难，做项目的探索，做商标、公司策略、线上推广等企划书作为与企业沟通的起点，构建基于用户需求和见解的观点，清楚地阐明并解决想要解决的问题。通过雇主、使用者等的角色扮演，洞察与了解与主题相符合的主题，写下顾客服务旅程。

(3)Edubits 理念。

Edubits 理念包含两部分的内容：一是评估能力，指导学生在系统里找到下一步学习的课程以及适合的培训机构；二是提供培训，提升学生能力，获得等级证书。Edubits 理念把知识和能力设计成微小的能力包，它是可评估的能力，可以通过数据统计分析已获得能力的元数据。通过先前学习认证，灵活的学习项目，以及智能的能力识别系统，为学习者提供更多的时间和发展的可能。

4. 与新西兰的奥塔哥理工学院、怀卡托理工学院、著名企业面对面沟通交流，吸取了国际办学的管理经验，学习了国际合作的模式

(1)国际学校的运作模式。

在与奥塔歌大学奥克兰校区国际交流合作部面对面交流中了解该校区已经

形成由世界十多个国家的老师、学生共同组成的多元化环境。校企合作部门直接联系国际化企业，合作部门要帮助学生编写实习简历，告知注意事项，保证学生实习的准确对接。学校设计学生成功部，帮助学生进行整个学习生涯规划，并及时地沟通交流、跟踪，保证国际学生顺利毕业。

(2)无国界的孵化器培育。

通过与怀卡托理工学院的中小企业孵化器 CEO 的深入交流了解其小型企业的资源与支持系统。孵化中心考察报名者的商业模式的潜力，组织律师、会计等专家对报名者进行评估。建立适合的资源，找出成功的、有知名度的、了解创业心路历程的联系者，针对性地提供帮助。特别之处在于，12 周建立任务目标，达到孵化器的目标任务，12 周双方共同做出商业模式、计划、沟通交流和反省。

# 第二章

# 高职院校内部组织结构改革的理论思考

院校治理结构涉及高等院校多元利益主体的权利，是组织载体，机制、制度保障的集合，分为组织结构、组织机制和制度体系。内部组织结构是院校治理的载体，内部组织结构的设置直接影响院校功能的发挥、教育教学活动的运行；组织机制是组织运行的过程及机理，影响组织效率；制度体系是组织机构、机制运行的保障，影响机构、机制的有效运行，体现了院校治理的规范化、标准化、法制化水平。

## 一、高职院校流程型内部组织结构改革

从20世纪末至今，商品经济的发展让“顾客就是上帝”的思想深入人心，顾客第一的组织结构优化模式成为大部分企业的首选。自美国学者哈默与钱皮提出业务流程再造，再到流程管理走向系统与成熟，以客户为中心、以业务流程为主导的流程型组织已成为管理界的新宠。流程型组织的产生契合了此时企业市场角色的转变。业务流程管理源于企业界，后被引入政府组织中，可见此种理念和方法在一定范围内具有普遍适应性。流程管理带来的组织结构的流程化有助于组织在环境适应性、整体效率性以及社会认可度等方面的提高。高职院校内部组织从职能型向流程组织结构的转变势在必行。

### (一)流程型组织的概念与特征

以亚当·斯密的分工经济理论为基础建立的职能型组织结构在以简单劳动为主的生产形式中体现出极大的优势。根据基本职能进行部门分工来完成工作任务，在一定区间内带来了生产效率的提高。随着内部分工越发精细，部门分割的劣势日益凸显，职能分工和层级节制成为组织结构内生性壁垒。职能型组织的精细分工与沟通障碍致使工作流程不连续，重视局部优化而忽略整体效率，组织结构机构臃肿固化，适应性差且缺乏创新。在更高要求的激烈市场环境中，职能型组织结构已日显颓势。

关于流程型组织结构的概念以描述性为主，基本可以总结为：流程型组织是以系统、整合理论为指导，为提高对顾客需求的反应速度与效率，降低对顾客的产品或服务供应成本，建立以业务流程为中心的组织。也就是说通过各种业务流程来配置人员，促成组织资源的纵向流动，组织结构呈扁平化。流程型组织具有以下特点：顾客或市场导向性、流程中心、组织结构扁平、灵活性、组织边界动态化以及系统性。

1. 顾客或市场导向性

以市场(顾客)的需求作为企业布局的出发点和归宿。以组织内的各种流程为基础规划设置部门，将员工以流程为中心组合起来直接面对顾客，并建立健全组织的各项机能。

2. 结构扁平化

流程导向型企业组织权力中心下移，由职能部门转向规模小的流程团体。管理层次减少，人员组成结构由金字塔形逐步扁平化，而信息技术的发展则为实现组织扁平化提供了强有力的技术支持。

3. 灵活性

集权层级制职能型结构权力过于集中，太过统一僵化；分权层级制矩阵型结构权力又过于分散。相对这两种结构，扁平化的流程组织结构灵活性更强，市场适应性更强。流程团队作为流程型组织的基本构件具有充分的自主权，小规模的流程团队直接面向市场，能针对市场进行独立分析、判断和决策，工作效率得到极大的提高。

4. 组织边界动态化

传统的职能组织以越加精细的分工为基础，部门边界不断加深，结构过分刚性，互相之间存在协同障碍。反之，流程型组织以资源集成论为指导，对组织内外的一切资源进行集成。流程团队内部的高度协同与目标同一性打破了内部组织边界，以市场为导向的顶层设计从根本上加深了组织整体与外部市场的联系。此种组织结构不仅优化了内部资源配置，也整合了部分外部资源，加强了与市场的契合度，组织结构呈现开放性。由传统的功能型组织向流程型组织转变，是一种对传统组织结构的彻底否定，而面向顾客的流程型组织结构带来了企业整个系统功能的创新。流程型组织强调企业组织整体效益的提高。

## (二)高职院校流程型组织改革必要性剖析

从职能型向流程型管理转型，实现高职院校管理职能与权限的下移，减轻了高职院校管理层级，提高了高职院校应对市场变化的速度。这一改革是高职院校积极反映社会需求、服务社会作用的生动体现，也是高职院校内部治理体系改革的基础。使流程型组织结构改革落到实处，激发了高职院校的活力，提升了高职院校的社会评价。

1. 规避现有组织的内生性弊端的必要性

学界针对高职院校在组织结构上存在的问题也有不少的研究，其研究视角以高职院校行政、学术、监督权力的配置与再分配为主。研究视角的受限致使其将组织结构的问题统统归咎于权力分配的混乱与不合理，未能跳出以传统分工理论为基础的职能型组织结构的大框架，优化策略也由于顶层设计的缺陷无疾而终。

我国的高职院校在很大程度上类似于政府组织结构，绝大多数依然是依据对职能进行简单划分而构建起来的职能型组织。高职院校具有一般职能型组织所具有的缺陷，如管理活动分裂离散、部门分工界限不明、机构重叠、部门间沟通受阻、重局部优化轻整体效率、机构臃肿、权力失衡、结构固化，致使高职院校办公效率低下且市场适应性差。组织结构的内生性弊端致使高职院校在组织文化、效率、人员上都出现了相应的问题，使得高职院校无法完成更高要求的人才供给，组织结构的变革优化成为必然。

2. 迎接外部环境挑战的必要性

随着我国职业教育信息化、市场化、国际化进程的不断推进，就业市场对于技术技能型人才的要求不断提高，这种要求也成为高职院校生存发展所迎合的方向，市场对于高职院校发展的调整约束逐步增强。对高职院校来说，就意味着其发展的决定因素由人才供给转为人才的有效供给，从人才输出的数量转向输出的质量。市场对于高职院校的反馈情况很大程度上决定了高职院校的兴衰。

培养紧缺的高素质技术技能型人才是实现制造强国的重要路径，也是现阶段高等职业教育的当务之急。因此，高职院校必须针对市场环境的变化、人才要求的变化，对其组织与管理结构进行有效的调整和优化。

在与市场接轨的过程中，高职院校对于以灵活敏捷为特征的流程型组织的需求越发强烈，即高职院校应该成为能对就业市场变化进行快速反应的组织，应该具有能够及时响应市场人才需求变化、快速供给满足市场需求的人才或服务的组织模式。

高职院校革除“劳动分工论”基调下的职能型组织结构的弊端，进行流程化改革十分必要，这是高职院校敏捷服务社会的功能的体现，也是管理思想与策略的变化。

## (三)高职院校流程型内部治理结构改革制约因素审视

组织结构一旦形成，受传统的力量、交织的利益以及支持组织的外部意识形态的作用，导致结构固化。结构固化又形成了具有组织惰性与路径依赖弊端的结构惯性。路径依赖会对组织惯例的演化产生一种束缚性的影响并限制组织的及时变革，继而影响组织绩效。所有改革皆不是一蹴而就的，尤其是涉及利益调整、观念变化的结构性改革。在组织结构向流程型变革过程中，高职院校必然面临诸多的制约与阻碍。通过对湖南省部分高职院校的实际情况的走访调查，对高职院校流程型组织改革的制约因素进行了分析，认为目前的主要制约因素存在于人员管理层面、文化层面、资源层面以及技术层面之中。

1. 人员管理危局

在诸多制约因素中，人员管理是改革全局中尤为重要的部分，也是改革现阶段最应重点关注的部分。高职院校的各级组成人员在变革中，权力与责任都发生了变化。然而，由于组织成员的认识具有一定的局限性，自身权益的变化与权益冲突以及成员能力的不足，因此其行为动作达不到心理的预期，从而成为改革进程中的一块绊脚石。

(1)认识不足形成抵触。

在哈默与钱皮提出流程再造理论前，流程管理处于自发形成与发展的阶段，其主流思想仍然表现为职能管理，流程管理技术则表现为职能管理的一种辅助手段，融合于职能管理的海洋之中。也就是说职能管理与流程管理虽不同但也并非是对立排斥的，反而是一种相互依存的关系。虽然流程是流程型组织关注的焦点，但是职能部门在管理中仍然起着非常巨大的作用。

流程型组织与现行的组织结构关系紧密巧妙，使高职院校的组织成员无法对两者的根本性差异产生深刻认识，无论是高层管理、中层管理还是一般职工都可能对两者的关系产生认识上的偏差。作为高职院校发展战略的制定者，高管层的认识不足将直接导致院校流程型组织改革的失败。中层管理者是流程型改革中被大量裁减的对象，其在认识程度上的不足会加大改革推进的阻力。在高职院校向流程型组织转变过程中，一般职工的工作任务加重，对其的能力要求也相应提高，一般职工在认识上存在偏差致使人员流失加重，工作效率降低，改革难以为继。

(2)权益变化引发对抗。

权益变化所引起的抵制不同于由认识不足所引发的抵触。由于涉及组织成员的切身利益，此种抵制对于改革的制约不容忽视。结构性改革给组织成员的工作与生活带来了巨大冲击，权力的重新分配引发了既得利益者的对抗。

改革意味着让高层管理者抛弃现有习惯，适应新的思维模式与工作方式，这其中蕴含无限的风险。故此，维持现状是高层管理者出于对个人绩效保护的保守选择，或直接反对或不予支持都是他们的对抗形式。

流程型改革对于中层管理者的冲击是致命的。随着组织管理结构的逐步简化，权力的不断下放以及信息技术的不断引入，在现有结构中承担上传下达功能的大量中层管理者逐步被信息技术所替代。此种形势迫使中层管理者进行转型，且绝大部分是被排除在管理层之外的。可以说，能否妥善解决中层管理者的安置问题是组织结构改革顺利进行下去的关键一步。

(3)能力不足降低效率。

流程型组织结构改革中的人员精简、管理权限的下放、职责变化都对全体成员的素质能力提出了更高的要求。以流程为中心的组织结构要求成员能够适应由传统职能型结构向以流程为中心、以市场为导向的组织结构的转变。此种适应不仅是心理层面的接受与认同，更是能力层面的胜任。

流程团队作为流程型组织的基本单位具有充分的自主权，职员必须从原先的服从上级指令转为团队合作，只有了解了组织的整体规划和目标后，才能对各自的工作有一个清晰的脉络把控。因此团队成员必须主动参与、乐于探究、勤于动手，具备获取新知识与信息的能力、分析和解决问题的能力以及交流与合作的能力。成员如果无法适应新的工作流程与思维模式，则会产生不安感与抵触，工作效率也随之降低。由此看来，人员的素质能力是团队效率的保障，也是能否令高职院校对市场的变化做出快速反应的关键。

2. 组织文化约束

(1)原有文化的稳定性抵制变化。

文化通过语言、文字以及各种器物进行代际传递，广泛的传播使文化具有持久性与稳定性。高职院校现有文化与传统职能型组织结构在很大程度上是相匹配的，具有稳定性的现有文化抵制着组织结构变化的发生，变革遭遇了文化的强大阻力。高职院校在体制上处在上令下行的组织运行中，创造力与创新性被极大地扼杀，组织的结构惰性形成。院校中行政职能部门的扩张与膨胀以及部门间细致的分工致使部门间割裂，协调与配合机制失调乃至丧失。

(2)新文化的形成与稳定尚待时间。

流程型的组织结构要求建立一种能适应动态环境的开放性的鼓励合作与创新、强调整体与团队的文化。依据最初的发起源头，我们可以将组织文化的形成机制划分为自上而下的主导型机制与自下而上的自发型机制。无论何种机制，新文化的形成与稳定均需要无数人耗费漫长的时间进行积淀、传承。自发型大学文化的形成来源于教师群体，是大学教师作为大学中人的主体通过“共享”“妥协”“协商”“验证”“共识”“积淀”等过程，将处于优势的教师文化逐渐提升并形成大学文化。组织文化的培育与形成是一个长期的过程，从确立到传播再到巩固并非一朝一夕，且在具有排异功能的原有文化的基础之上进行改造也绝非易事。

3. 资源短缺扼制

在流程型组织改革中，信息技术是流程优化的直接动力。信息技术的引入能够使高职院校对现有工作流程进行分析简化和再设计，加强组织间的内部联系，实现资源的整体集成，避免一些无价值的活动。结构改革中引入相关技术人才是十分必要的，现有人员的培训与安置支出在短时间内也加大了人力资源的投入成本。政府部门仍掌握着高职院校的资源配置权，所以我国高职院校的自主权是有限的，物资供给来源单一。是否能得到有力的资源供给将关乎改革的全局。

4. 技术应用障碍

流程型组织强调资源集成与优化分配，通过消除组织边界打破信息壁垒优化工作流程。在流程优化过程中，信息技术的应用或者说是组织的信息化建设是实现业务流程优化的重要手段。而技术应用对于高职院校流程型组织改革的制约作用主要体现在技术向导的极端性与技术系统的局限性。

在信息化转型过程中，学校往往会经历技术导向阶段。在技术导向阶段，技术革新得到充分重视，对技术的狂热追捧易使技术与实际管理割裂开来，造成信息系统无法达到预期的管理目标。造成此种现象的原因在于，管理者过多地注重流程最优化和组织设计，而忽视了人的因素。也就是说，在将技术应用于管理活动中时管理者没有正确地摆放技术与人的位置。若无法平衡信息技术与人的关系，组织信息化的建设将停滞，工作效率将降低。一个集成的、开放的信息系统不应当局限于组织的一部分，能够协调高职院校整体与外部资源的信息系统必然要实现跨部门和跨系统的功能。而此种信息技术系统的建设会耗费大量的时间与资源。

高职院校组织结构由职能型向流程型的转变不仅仅是组织机构的合并重组，更深层次的是内部机构权利、责任、任务的变化，涉及行政、人事、教学、科研、学工等部门，要以团队建设为核心、以任务流程为基础来实施管理工作。这是高职院校敏捷服务社会的功能体现，也是管理思想与策略的变化。

当前，高职院校流程型组织改革的主要制约因素存在于成员管理层面、文化层面、资源层面以及技术层面之中。要平衡好各个层面的制约因素给结构性改革带来的不良影响，必须要对此有充分的认识，并提出有针对性的策略。

### (四)高职院校流程型内部组织结构改革策略

为《中国制造·2025》培养紧缺的技术技能型人才，成为我国当前高等职业教育义不容辞的责任与使命。要实现这一使命，高职院校必须要为技术技能型人才成长提供良好的环境。高职院校原有的职能型组织结构在集中决策方面有所优势，但组织偏向僵化，缺乏灵活性。加快高职院校内部治理体系改革，实现高职院校内部资源的集成，组织机构的简洁高效就显得非常必要。

高职院校内部组织结构向流程型组织的改革将使其转型成为敏捷、高效的能为就业市场加大有效供给的人才培养基地。流程型组织结构以客户为导向，通过业务流程搭建组织的运行秩序。相较于传统职能型组织结构形式而言，流程型组织结构仰仗自身的精简、高效的开放式运行能更加适应多变的市场环境。高职院校要革去传统职能型组织结构所带来的层次壁垒和条块分割的弊端，集成任务，简化流程，根据工作流和信息流的合理流向重新确定管理机构的设置，建立扁平化的管理组织。

流程型内部组织结构改革在我省已经成为实践，表现方式各不相同，如二级学院管理、以具体项目实施为划分标准的工作团队管理等，目的就是要实现高职院校管理活动的扁平化，实现管理职能与权限的下移。这减轻了高职院校管理层级，工作团队能够直接面对顾客，从而大大提高高职院校对市场变化的反应速度。然而，在改革进程中，高职院校面临着诸多的制约与不足，从人员的管理到文化资源和技术都制约着高职院校流程型组织结构改革的进行，从而影响了改革的效果。

1. 高职院校流程型内部组织结构改革的优化策略

组织结构的变革已成为提高高职院校市场应变能力的必要措施，是高职院校业务流程重组的重点之一。高职院校在流程型改革中遭遇的制约因素大相径庭，不同组织在进行向流程型组织变革的过程中所面对的阻力程度存在差异，因此具体的优化策略也应各有不同。高职院校应从以职能划分的金字塔式层级管理组织形式转变为以流程为导向的组织结构。以具有价值增值的业务流程为向导的结构减少管理层次，压缩职能部门，使组织整体趋向扁平化，流程效率、灵活性、敏捷性得到提高。

(1)多层次促进观念革新，消除意识障碍。

解决高等职业教育在流程型组织改革中的意识问题，在改革全程中要注重人的因素，从意识层面使组织成员摆脱对改革的恐惧与抗拒心理。至少要从以下三方面着手：

①保证长期多层次的培训。对流程型组织改革的顺利开展离不开正确的认识与理解。一方面，高职院校领导层对流程型改革的认识是流程型组织改革的直接动力，领导层要对高职院校原有组织结构的弊端以及流程型组织结构的优势与运行有充分的认识与体会，坚信流程型组织改革的必要性与正确性。另一方面，作为业务流程操作实施者的员工而言，正确的认识与意识的转变直接决定其工作效率从而影响改革进程。流程型组织结构脱胎于传统职能型组织结构，两者紧密联系互为辅助。只有对两者的区别与联系有明确的认识，才能摒弃原有的认识习惯而接受变革，才能为流程型改革的进行打下牢固的根基，才能维护改革全程的统一性与一致性。

对流程型改革的正确认识离不开长期多层次的培训，改变组织成员既存的观念与思维惯性必须要通过长期不断的知识更新与观念更正，这一培训应当面向全体组织成员，贯穿整个改革过程。优化后的业务流程以及其支撑系统的应用都需要大量的培训，培训内容应当涵盖认知层面、行为层面、情感层面的更新与养成。

②保证员工充分参与。通常而言，此类改革以领导人的意志为改革的出发点由上至下进行，组织的一般成员因未知的改变而对改革心生畏惧致使在组织的纵向沟通上出现阻碍。为隔绝这一阻碍覆盖全员的全方位培训是一方面。另一方面也需要在改革实施过程中加强员工的参与。在进行变革之前，倾听那些受到变革影响的员工心声，并把持反对意见的人吸引过来。在实施中如果没有员工的积极参与是无法顺利完成向流程型组织的转变的。使员工充分参与业务流程的各个环节是流程型组织的基本要求，也是消除员工不安心理的必要手段。

③妥善安置，保障员工权益。高职院校的高层管理者抑或中层管理者，在结构性改革中的权责重新分配引发了对自身利益变化的不安与担忧。抛弃原有的行为习惯，适应新的思维与工作方式，工作压力的增加与权益变化的不安感无法使其全身心投入到工作当中，容易造成消极懈怠。因此，必须要妥善解决组织成员的权益问题，合理进行安置，从制度层面上维护员工权益。此外，也

需要通过强制考核来检验是否到达理想的工作状态。

(2)完善流程优化设计。

以业务流程再造为切入点优化组织结构。基于系统的原则考察流程型组织的框架则应该涉及组织的目标构架、流程构架、结构构架、制度构架和文化构架。

在对流程进行设计中，首先涉及战略流程。战略目标的确定决定了服务战略，服务战略决定着业务流程的方向。其次，要识别服务对象需求。识别需求是进行流程设计的基础。而后，在分析业务流程中要区分核心流程和辅助流程。核心流程的设计必须坚持精减、便捷、高效的原则，目的在于改进服务质量、改善服务效率，创造市场价值。辅助流程是核心流程的支持流程，支持着核心流程、顾客流程的运行和发展。其中核心流程决定和影响着形成组织独特性或竞争力的因素。

流程型组织的运行基础是业务流程，对于高职院校业务流程的优化是流程型改革的要义。以优化或重构核心流程为主导，各个流程间与流程团队依靠高级管理层、团队负责人与统一的信息系统相互协调，实现内外资源的集成，提高组织运作效率。

(3)以信息技术为引擎，积极实现信息化。

高职院校向流程型组织结构改革的重点在于实现资源集成与优化分配，而信息技术的应用或者说是组织的信息化建设则是集成与优化的最佳路径。高职院校正面临着技术向导的极端性与技术系统的局限性问题。

世界经济的发展，社会环境的变化，科学技术的进步，新技术、新方法的推广应用以及人们素质的大幅度提高是导致和促进业务流程重组的必然。高职院校必须加快信息化的建设。高职院校的信息化应当体现在教学技术、学生及教师管理与日常行政等各个领域。信息技术的应用不仅改善了高职院校师生的学习、工作环境，提高了学习、工作效率，而且使高职院校能更好地迎接市场挑战、适应社会人才培养要求，为内部资源与外部资源的集成利用，搭建了技术的桥梁，加快了组织反应效率，提高了流程效益，减少了不必要的支出，最终可实现自动化，构建出一个以就业市场为导向的、具备高度灵活性与竞争力的流程式组织。

为避免走向技术向导的极端，必须要在改革进行中重视人的因素，摆正技术的位置，正确处理好人与信息技术的关系。现代信息技术是优化流程、提高工作效率的高效辅助工具，并且只能是辅助工具。在改革全程中应注重职工的心理因素，对心理不适问题及时做出干预。要关心善待职工，不断强化培训教育。

在技术系统运用方面，必须保证各个系统之间的无缝集成，使之能统一运作，实现资源集成。充分利用原有系统的功能和数据库，将原有信息系统与新的信息系统进行整合，避免功能重复，实现数据与信息的共通。

(4)以创新文化为驱动，打造学习型组织。

流程型组织改革成功的先决条件是变革组织文化。高职院校在改革前，采用以职能分工为基础的层级制组织结构，在此之下的组织文化要求职工依照行政指令做事，以“服从”为中心的上令下行充斥着校园，个人及组织的灵活性及自主性得到极大限制。而流程型改革要求建立一种能够充分发挥个人的创新精神和整体协作的集体精神。这种集体精神不同于传统部门意识，它要求成员摒弃传统的部门意识，建立整体协同的价值观与信念。

向流程型组织变革对高职院校的管理文化将会产生重大的变化。将产生由等级观念向平等观念转变、小部门向大集体观念转变。流程型组织要求组织成员能够进行团队协作与共同学习，从而形成一个具有良好团队协作的学习型组织。

学习型组织是指组织管理者、员工通过持续的创新性学习，不断增加创造性的能量；培养全新的、前瞻性的视野，开阔的思维方式；形成共同学习、相互沟通和协同的团队意识以及全力实现共同目标的愿望；顺应环境的变化而变革和创新组织。学习型组织至少具有以下特点：部门边界弱化，组织整体重于局部；注重团队协作，相互学习；鼓励冒险、变革和不断改进。成熟的流程型组织必然有着学习型组织的基本特征，两者相辅相成。

2. 高职院校内部流程型组织结构改革的优化保障

要使高职院校的每一位组织成员坚信并愿意践行流程型改革必须存在相对应的机制体系。建立与流程型组织结构及其文化相适应的薪酬体系和激励机制是必不可少的。一方面强制性的培训筛选制度不可或缺，另一方面激励措施的制度化也有利于人员的稳定与发展。

其次，流程型组织结构以跨部门的高效流程团队为基本单位，团队间的学习和沟通，形成跨部门团队沟通衔接机制至关重要。以制度化的沟通机制确保资源集成以及流程运作的灵活高效。

管理制度是改革顺利进行的外在保障，而文化革新则为内在保证。通过二者的有效结合，能够从根本上解决流程运营中的不协调、不统一问题，从而有效地提升管理水平、工作效率和经营效益，为企业发展带来活力和生机。

目前高职院校的改革实践已经涉及了工作流程的优化、组织机构的重构、从权利分配上构建扁平化管理体系。我国高职院校的内部结构性改革仍然处在试验期，其中诸多方面还不能尽善尽美。高职院校的流程型改革应以信息化为手段，以优化业务流程为切入口改革组织运行方式，进而使组织结构向流程型转型，同时也势必构建起学习型组织氛围。高职院校向流程型组织转变是内部结构的深化改革，是促进高职院校向现代化发展的有效途径。

## 二、以《大学办学章程》(以下简称《章程》)为起点完善高职院校内部治理结构

《章程》是现代大学制度建设过程中的重要环节，是大学实现自主管理的法律规范，是大学依法治校的具体体现，有助于现代大学治理工作的开展及其规范化。大学之本在于独立自主，《章程》是确立大学主体地位之本。《章程》是界定大学内、外部各种利益主体之间权责关系，并用“法律”的形式将其固化起来，以约束大学的举办者、管理者等主体的大学“宪法”，《章程》与高校院校内部治理之间存在天然紧密的联系。大学治理是现代大学发展实践对于教育管理理论提出的创新诉求，强调组织机构多元利益主体之间内生驱动的正式或非正式的协调和互动，是达成共识并采取联合行动的持续过程。《章程》建设的缺失导致高校内外关系较为含糊、行政权力缺乏约束机制、程序条款缺乏等，从而影响高校治理体系建设和治理能力的提升。

### (一)高职院校《章程》建设的必要性

《章程》建设是实行依法治校的重要举措，也是规范办学行为从严治教的具体要求。通过《章程》的制定和建设，建立与章程相配套的规章制度体系，加快建立现代大学制度，并努力以制度建设为抓手，推动学校整体改革，提高人才培养质量，具有重要的现实意义。

1. 办学活力将在“治理”中激发

社会、企业、行业参与举办职业教育将加速职业教育主要由政府主导推进向“政府主导、行业指导、企业参与”共同推进转变，能够调动多方面的办学积极性，使社会、企业、行业主动从“幕后”走到“台前”，深度参与职业教育办学、管理和评价，形成多元合作、良性互动的办学新局面。

2. 办学特色将在“治理”中凸显

建设“具有中国特色、世界水平的现代职业教育体系”要求走“中国化”发展道路，同时又不排斥“国际化”，与世界职业教育同步协调发展；要适应需求，“服务经济社会发展和人的全面发展”；要有机衔接，既自成体系，又不封闭发展；要多元立交，与各类的教育相互沟通，搭建人才成长“立交桥”。“治理”把服务需求作为重要导向，把制度供给作为重要保障，把政策激励作为重要手段，把加强统筹作为重要措施，产教融合作为重要途径，这将使职业教育形成鲜明的中国特色。

3. 办学水平将在“治理”中提升

职业教育的办学水平目标是职业院校办学水平普遍提高，建成一批高水平的职业院校和高水平专业群，形成具有国际竞争力的人才培养高地。治理的举措包括：完善现代职业学校制度、扩大职业院校办学自主权、赋权于学校，职业院校要依法制定体现现代职业教育特色的章程和制度，完善治理结构，提升治理能力。这将有力促进职业院校加强人才培养模式与课程体系改革，加强“双师型”教师队伍建设，加强信息化建设，加强国际交流与合作，全面提升办学水平，并使一批职业院校跨入世界一流职业院校行列。

## (二)以《章程》为起点完善高职院校内部治理结构要解决的核心问题

通过《章程》的制定和建设，建立与《章程》相配套的规章制度体系，加快建立现代大学制度，并努力以制度建设为抓手，完善治理结构，提升治理能力，推动学校整体改革，依法依规实现专家治校、教授治学是要解决的核心问题。

1. 构建先进的教育理念和制度理念

构建先进的教育理念和制度理念要形成现代教育观、师生观、课程观、教学观、质量观等，为学校制度建设奠定先进观念基础。

2. 建立以《章程》为统领的高职院校制度的基本框架

建立以《章程》为统领的高职院校制度的基本框架要建立健全依法办学机制、民主决策机制、新型组织结构、创新管理机制、监督评估机制等，形成有效的教育投入与保障机制和有效的学校与家庭、社区的互动合作机制。

3. 形成依法办学、按章办学的制度体系

形成依法办学、按章办学的制度体系要逐步理顺各种关系，重点完善高职院校内部聘用与收入分配制度，创新管理机制，不断加大自主办学的力度。并依据《章程》形成决策、执行、监督相对独立、相互支持的现代学校法人治理结构。同时建立健全学校内部关系的制度，包括学校组织制度、管理制度、评价制度、文化制度等。

### （三）以《章程》为起点完善高职院校内部治理结构的方案与实施过程

1. 以《章程》为起点完善高职院校内部治理结构方案

（1）通过强化共同治理，解决广大教师参与教育教学改革积极性的问题。通过建立和完善学术委员会、教学工作委员会等6个专门组织，全体教职工在参与共同治理的过程中，获得实现自身价值的成就感，实现人人增值。

（2）通过创新机制建设带动人才培养执行体系协同工作，解决政行企校多方联动，内部各部门协同创新问题。实施二级院系管理体制改革，实现校内共享资源，协同发展；搭建职教集团平台，政行企校协同创新，实现产教融合。促进专业建设、师资队伍建设、实习实训基地建设、课程建设。

（3）通过人才培养质量保证体系建设，解决人才培养质量由事后评估转变为过程控制的问题。开展全员、全程、全方位的质量保证体系诊断与改进工作，完善“考核标准”“教学质量评价管理办法”等质量监控标准，以及行业企业专家全面参与质量控制的全过程。

（4）通过完善教学运行和教学质量保障相关制度建设，提高职能部门服务教学一线的意识和能力。明确岗位要求、工作标准、考核办法，实现工作有标准，考核有依据。调整部门职责，建立敏捷响应市场的各部门动态并行联动机制，确保各部门协同联动。

(5)通过营造文化育人大环境，解决学生职业道德、职业精神培养问题。将工业文化优秀元素融入人才培养全过程，弘扬大国工匠精神、营造“教书育人、管理育人、服务育人”的文化氛围和“人人创新”的制度环境，用优秀人物、优秀团队、优秀企业的典型事例感染每一个学生，培养植根装备制造业、岗位成长成才的核心价值观。

2. 以《章程》为起点完善高职院校治理结构的实施过程

(1)前期准备阶段。

建立工作机构，学习研讨教育部《高等学校章程制定暂行办法》(以下简称《办法》)等文件，调研相关高校制度建设及章程编制工作成功经验。明确大学《章程》制定工作的重点和难点，形成对《章程》编制工作的初步思考。通过部门会议、校报和校园网，认真宣传，统一思想，形成共识。形成全院教职工和学生主动参与学院的章程制定工作的良好氛围，进一步推动学院的依法治校工作。

(2)调研梳理阶段。

各职能部门对照《办法》的原则与要求，积极开展《办法》的学习培训和《章程》制定的研讨活动，深入调查分析《章程》制定的现状和目前存在的困难与问题；对照《办法》精神和有关法律规定，总结办学经验，系统梳理学院内部各项制度规定。

(3)草案撰写阶段。

《章程》起草小组在充分调研和梳理的基础上形成《章程(草案)》。

(4)意见征求与修订阶段。

广泛听取有关部门、相关行业机构、学院各级组织和师生员工的意见，汇总意见并修订《章程(初稿)》，经《章程》制定建设委员会讨论修订形成《章程(修订草案)》，提交教职工代表大会和学院党委会讨论审议。

(5)审定阶段。

报校长办公会议审议修改，提出报批稿，学院党委会讨论审定，形成章程核准稿和说明，报法定代表人签发，再上报省教育厅核准。

(6)实施与改进阶段。

在这一阶段，高等职业院校的规章制度、部门职责的修订完善，二级学院机构改革，校园文化建设等，都需要学术委员会、教学工作委员会、财经咨询委员会、教师工作委员会、学生工作委员会、质量管理委员会等组织机构充分发挥决策咨询作用。

### (四)以《章程》为起点完善高职院校治理结构可借鉴的模式

某高职院校构建了"二组织、三体系、四机制"的内部治理结构。"二组织"是指功能型行政组织和矩阵式学术组织。前者是以办学功能实现为目标指向的行政组织架构，形成由决策管理层和执行层组成的扁平化组织结构。决策管理层由院长及其副院长组成，执行层由职能处室和教学机构组成；后者是以学术委员会为核心的学术权力体系，明确统筹行使学术事务的决策、审议、评定和咨询等职权的行使范围。"三体系"是指制度体系、执行体系、质量保证体系。通过制定和修订制度，明确岗位要求、工作标准、考核办法；通过内部二级院系管理体制改革、职能部门功能重塑，以及外部职教集团平台，形成高效的人才培养执行体系；引入企业"卓越绩效管理模式"与"五纵五横一平台质量保证体系"相结合，建立全员、全方位、全过程质量保证运行体系。"四机制"是指开放型决策机制、内部执行机制、持续改进机制、文化育人机制。建立"学术权力与行政权力之间横向分权，学院和系部之间纵向分权"的决策机制；建立工作标准，实行业务流程的顺序服从，用制度保障内部执行机制。实施人才培养质量自主诊断和持续改进工作，建立执行、检查、处理、反馈的改进机制；弘扬"大国工匠"精神，营造学生"人人成才"、教师"人人增值"的文化育人机制。落实这一模式的要点有以下几个方面。

1. 内外协同，产教融合

以教育部、省教育厅文件为依据，以省教育厅实施办法为指导，结合各学院自身的办学定位，从企业实际需求出发，面向企业岗位对技能人才的要求，一切章程的实施工作均紧密围绕提高人才培养质量来开展。体现在行业协会、行业教学指导委员会全面参与指导《章程》的制定和实施，通过职教集团，搭建政行企校之间的桥梁和纽带，校内外协同创新。

2. 敏捷响应，持续改进

建立质量评价、反馈、改进机制，通过"开门找标杆，关门找差距"，不断就品牌专业、师资队伍、教学资源、科研成果、技能竞赛、人才培养等方面的现状及取得的成绩与标杆企业、标杆院校进行对比分析，查找存在的短板和差距，明确学校的人才培养质量提升和发展目标，用新的质量管理、控制手段和质量目标引领学校人才培养质量不断提高。

3.“职”字凸显，质量保证

将企业“卓越绩效管理模式”与自身质量保证体系相结合，实施全员、全程、全方位质量管理，建立质量保障管理和监控组织，加强质量保证的规划落实与资源统筹，完善由教育教学质量、行政服务质量、后勤服务质量三部分组成的质量保障系统，将企业特色的质量文化融入专业建设、课程教学、学生教育、行政管理与后勤服务等领域。明确部门职责、岗位职责、工作标准与办事流程，将部门绩效考核与质量保证工作有机衔接，实现不同层面质量保证的螺旋递进。

建立和完善“二组织、三体系、四机制”的内部治理结构，形成健全、规范的规章制度体系，通过组织建设、体系建设和机制建设，确保人才培养质量。完善法人治理结构，健全内部管理体制和社会参与机制，统筹科学的制度安排，优化执行体系，完善跨界合作机制，形成以“主体多元、系统开放、权力制衡”为特征的治理体系，实现管理向治理的转变。推行“学生前台、教师后台”“教师前台、领导后台”的工作模式，完善“以学习者为中心”的学生成长成才培养制度，构建有利于学生“人人成才”和“人生出彩”的制度环境。通过产教融合，开展多种形式的联合办学，实现办学体制的改革与创新。探索混合所有制二级学院发展模式，鼓励专业技术技能型人才以技术、技能参股，建设股份合作制工作室。将企业“卓越绩效管理模式”与“五纵五横质量保证体系”相结合，形成具有企业特色的内部质量保证体系。

## （五）以《章程》为起点完善高职院校治理结构的要点

完善以《章程》为核心的现代职业院校制度，完善内部治理结构，构建以“主体多元、系统开放、协同高效”为特征，与中国特色高水平高职院校相适应的科学治理体系。

1. 完善内部治理体系，推进治理能力现代化

（1）构建“协同高效”的决策运行体系。

继续完善党委领导下的校长负责制，厘清党委、校长的职责权限，加强党政沟通协调，建立健全党委统一领导、党政分工合作、协调运行的工作体系。

明确党委会、校务会议事范围和议事程序，建立科学、民主、高效的决策体系。

(2)规范“系统开放”的学术治理体系。

明确学术委员会是学校最高学术机构的地位，设立校院两级学术组织，将原有的教学指导委员会、职称评定委员会、学术道德建设委员会等学术组织的职能统一纳入学术委员会体系，构建“分层多类、系统开放”的学术组织体系。成立专业建设委员会，根据各学院专业发展情况，遴选各专业领域内的行业、企业专家等组成专业发展咨询智库，行业、企业专家占比30%以上，对专业建设工作中重大问题进行研究论证和决策咨询。成立教材选用委员会，指导和统筹学校教材工作，贯彻党和国家关于教材工作的重大方针政策，研究审议教材建设规划和年度工作计划，研究解决教材建设中的重大问题，对意识形态属性较强的教材进行审查。

(3)健全“主体多元”民主监督体系。

强化民主参与，建立党代会代表、教代会代表、学生代表列席党委会、校务会机制。健全民主决策机制，实行重大决策征求意见制度，对重大问题的决策，要集思广益，按照不同事项征求教代会、理事会、学术委员会的意见。建立学代会提案制度，吸纳学生代表参加学校理事会，开展“书记有约”“校长论坛”，建立学生听证制度、对话制度，探索成立学生参与学校民主监督管理的专门组织机构。

2. 健全内部治理机制，创新多元参与办学格局

(1)完善内部管理机制。

建章立制，建立健全内部管理长效机制，对学校各类规章制度进行梳理，形成“章程—学校基本制度—部门规章制度—学院内部管理制度”4个层面完备的制度体系。运用区块链等现代技术手段，实现学校管理现代化。强化职能处室的服务职能，建立权力清单制度，核定各部门岗位设置依据，因事设岗，避免人浮于事。推动职能处室管理制度梳理和流程再造，在有效约束和优化行政权力的基础上，为师生提供人性化服务。

(2)完善理事会运行机制。

完善重大决策咨询机制，利用理事会成员广泛联系社会的优势，充分发展理事对学校办学方向、人才培养、发展战略等顶层设计的指导、咨询和监督作用。完善常态化的沟通机制，坚持定期召开理事会议、常务理事会，通报学校

年度工作和重点计划，听取理事会对重点工作的意见和建议。建立学校与理事单位“双师”互派和实践教学协同机制，理事会要支持学校发展的工作机制，调动理事和理事单位参与学校办学的积极性。

(3)构建大数据支撑机制。

依托学校大数据共享和交换平台、大数据分析与决策平台，建立校院两级治理体系内外部的大数据开放共享机制，实行大数据资源互通，促使碎片化、封闭化、各自为政的治理体系向跨部门协同治理方式转变，实现跨部门、跨领域协同的整体性动态治理格局，不断提高网络治理、协同治理、动态治理的能力和水平。

3. 实施关键领域改革，激发可持续发展新动能

(1)探索混合所有制办学模式改革。

深化校企股份制合作办学，创新产教融合的办学模式和校企合作育人机制，探索建设股份制、混合所有制的工作室和特色产业学院。打造政行企校协同创新科研平台，建立支持教师科学研究的长效机制，提升社会服务能力。健全职教集团运行机制和平台建设，促进成员院校特色化发展，探索构建贯通培养体系。

(2)深化二级学院治理模式改革。

构建“重心下移、明确职责、目标管理、强化考核”的两级管理体系。修订《二级学院工作条例》，推进二级学院党总支会议、党政联席会、二级学院学术委员会、二级学院教代会为支撑的治理架构建设。完善校院管理机制，形成以配合目标管理和绩效管理改革的二级资源分配改革，设立二级学院专项发展经费，同时扩大学院自筹经费的自主使用权和使用比例。

(3)实施内部质量管理模式改革。

优化升级智慧校园管理系统和诊断与改进平台，实施数据动态管理。按照“五纵五横一平台”的架构，坚持问题导向，加强绩效考核和管理，形成全要素网络化的内部质量保证体系和常态化的自我诊断与改进运行机制。健全内部质量保证标准体系，完善质量管理制度和评价制度。引入第三方机构，对学校教育教学质量提升情况开展跟踪监测与评估。形成质量意识和质量文化，提升学校办学水平和人才培养质量。

# 第三章

# 高职院校内部治理体系的核心主题

2019 年 10 月 31 日，中国共产党十九届中央委员第四次全体会议通过的《中共中央关于坚持和完善中国特色社会主义制度、推进国家治理体系和治理能力现代化若干重大问题的决定》指出：“完善权力配置和运行制约机制。坚持权责法定，健全分事行权、分岗设权、分级授权、定期轮岗制度，明晰权力边界，规范工作流程，强化权力制约。”这就要求要深化教育综合改革，重新界定政府、学校与社会（企业）等之间的新型权责利关系，努力构建党委全面领导、政府依法主导、学校自主办学和社会广泛参与的现代教育治理体系。

## 一、构建强化党委领导作用的治理体系

在全面深化治理结构改革的背景下，高职院校作为技术技能型人才培养的主要阵地，我们始终要以“培养什么人、如何培养人、为谁培养人”为根本问题，推进高职院校治理体系和治理能力的现代化建设。

### （一）实施“政治领航”工程，新思想统领高职院校内部治理改革

1. 坚持把新时代中国特色社会主义思想作为管党治党的根本遵循

在高职院校内部广泛开展理论学习、宣讲报告、培训轮训、平台建设等工作，引导广大党员干部深入学习领会总书记系列重要讲话精神的丰富内涵、精

神实质和重大意义，准确把握新时代高等职业教育的使命担当，用新思想武装头脑、指导实践、推进工作。深入开展“不忘初心、牢记使命”主题教育，推动主题教育机制建设，使之常态化、制度化。将高职院校校内党员干部的思想和行动聚焦到办人民满意的高等职业教育的“初心”上来，推动党员干部更自觉地为实现新时代党的历史使命不懈奋斗。

2. 牢牢把握意识形态工作的主动权和领导权

严格落实意识形态工作责任制，管好导向，管好阵地，管好队伍，做到守土有责，守土尽责。建强马克思主义学院，实施“新时代高校思想政治理论课创优行动”，办好思政“金课”。将社会主义核心价值体系融入教书育人的全过程。强化课程思政建设，推动知识体系向价值体系转化。不断提炼高职院校内部的精神内核，建设以追求“双高”为导向，以职业文化为特色的校园文化，弘扬文化传统和职教精神，发挥文化引领熏陶作用。

3. 完善党委领导下的校长负责制

落实好党委领导下的校长负责制，完善党委履行管党治党、办学治校主体责任制度，健全党委全面领导、校长组织实施的工作机制。完善“三重一大”决策制度，完善党委会、校务会等议事决策系列制度及党委决策监督等机制，提升校领导班子的决策效力和水平。

### （二）实施“强基固本”工程，促进基层党组织提质增效

1. 夯实基层党组织基础

坚持以提升组织力为重点，根据高职院校的工作实际，纵向设置党支部，探索在产教融合平台、技术技能平台、教学创新团队、中外合作办学项目设立党组织，通过“大师+支部”“项目+支部”“典型+支部”“社团+支部”等形式，实现党的工作的全覆盖，党建工作与双高建设双促进。切实推进支部“五化”建设和“对标争先”计划。深入推进“智慧党建”平台建设，打造党员随时随地随身接受教育管理服务的网上支部。发挥全国样板党支部示范引领带动作用，培育国家级、省级以上党建工作标杆学院、省级党建工作样板支部等重点项目。立项校级党建示范项目，实现高职院校内部党建质量全面提升。健全党政联席会议制度和党组织会议制度，保障党组织在本单位重大事项、关键工作决策的发言权。

2. 开展“双带头人”培育工程

配齐建强教师党支部书记，实现教师党支部书记“双带头人”全覆盖。实施双向培养、双向提升，对符合专业带头人条件的党支部书记加强党性教育和能力培育，对符合党建带头人条件的党支部书记，帮助其拓展专业发展通道，提高教学科研水平。培育国家级、省级以上“双带头人”工作室，培育选树省级以上“双带头人”标兵、校级“双带头人”标兵。开展“双带头人”教师党支部书记工作室建设项目，凝练并推广具有高职特色，兼具专业特点的工作室建设经验，全面带动教师党支部提质增效。

### (三) 实施“凝心聚力”工程，凝聚支撑发展强大正能量

1. 实施党建品牌建设工程

持续开展“一总支一品牌”“一支部一特色”创建活动，鼓励基层党组织围绕人才培养、专业群与“双高”建设，结合实际工作特色，按照“打造总支品牌、形成支部特色，辐射各级党组织，引领全体党员”的工作思路，培育打造一批体现时代性、典型性、创新性的基层党建品牌，带动工会、共青团和学生会组织建设，推动党建、团建和群建工作提质增效，增强师生向心力，推动改革发展取得实效。

2. 构建“三全育人”新格局

统筹推进思想政治工作质量提升工程，出台《“三全育人”综合改革建设方案》，实施“全景计划”，实现课程、科研、文化、实践、网络多途径育人。完善“护航计划”，实现组织、服务、资助、管理、心理多维度关爱。完善“人人成才计划”，让有差异的个体实现共同发展、多元发展、充分发展、全面发展。完善“三全育人”长效协作工作机制，切实将“十大育人”落实到教育教学管理的各个环节。创建省级以上“三全育人”综合改革试点高校，培育省级以上思政精品项目，全面推进思想政治工作各项任务落地生根。

3. 营造风清气正的改革发展环境

推动全面从严治党向纵深发展，向基层延伸，将严明政治纪律和政治规矩融入各项决策部署和具体工作中，营造风清气正的政治生态和育人环境。驰而不息地加强作风建设，将落实八项规定实施细则化为自觉行动。健全完善学校

监督体系，加强对各级党组织执行党的路线方针政策和决议的政治监督，加强对职能部门和二级单位执行党委重要决策部署的监督，对学校“双高”建设实施全过程监督，确保建设和改革高效有序开展。

## 二、构建以技术技能型人才为培养目标的治理体系

坚持立德树人，构建以培养技术技能型人才为核心的内部治理体系，将社会主义核心价值观教育贯穿技术技能型人才培养过程，实施综合素质提升工程、“1+X”制度试点，深化高水平专业群复合型人才培养模式改革，构建中国特色技术技能型人才培养体系。培养具有深厚人文素养、扎实专业知识、高超技术技能、强烈创新意识、宽广国际视野与浓郁本土情怀的高素质技术技能型人才。

### （一）实施综合素质提升工程，打造全面育人平台

1. 坚持正确的政治方向，建好马克思主义学院

把培育和弘扬社会主义核心价值观融入人才培养全过程。积极推进思政课程教学改革，构建微课堂、微课程、微交流、微实践等“四微一体”思政课教学体系，打造思政“金课”。构建大思政格局，推动“思政课程”向“课程思政”转化，提高“课堂育人”质量，梳理各专业、各门课程蕴含的思想政治教育元素，实现思想政治教育与知识体系教育的有机统一。

2. 落实“立德树人”根本任务，推动“德智体美劳”全面发展

开展职业文化讲坛，使学生领略“立足岗位、争创卓越”的劳动者风采，弘扬精益求精工匠精神，培养具有新时代精神的价值观；对接先进产业和前沿技术发展需求，大力提升学生的职业素养与技术技能水平，培养适应信息化、数字化、智能化制造环境的新时代产业大军；完善“选项+特训+拓展”体育课程体系，探索建立体育运动俱乐部会员制管理模式，建设体育俱乐部，使课堂体育教学向课外体育、校友体育、社会体育服务延伸；建设以审美和人文素养培养为核心，线上线下相结合的美育“课程超市”，结合行业特色，将“现代技术美学”等一批课程以网络在线或现场教学等形式纳入通识课教学，继续开展“中华

传统文化进校园”“高雅文化进校园”等主题活动，编制具学校特色的《美育发展年度报告》，并将年报评价数据作为教学质量考评的重要内容；改革“职业素质体验与公益劳动”课程，创新课程实施形式，编写公益劳动教育教材，并根据时代的发展及时更新教学内容。通过整合实习基地、志愿服务等实践平台，与政府、企业共建公益劳动教育基地。

3. 深入实施综合素质测评，保障人才培养质量

以学生良好行为习惯养成、能力发展和职业素养提升、知行合一和全面发展为目标，继续完善学生综合素质测评体系。坚持立德树人，完善思想品德一票否决制，将立德树人考核机制纳入学生和教师考核；探索学生综合素质学分转化机制，建立学生综合素质发展档案。坚持素质塑人，实施书院制改革，精心设计通识教育课程体系，构建人文素质、自然科学、职业素质素养三大类横向通识课程模块。开发引进“声乐欣赏”等选修课程，将代表产业最新发展的课程作为全校性拓展通识课，传播产业文化，传递敬业精神，传授科学方法，着力提升学生综合素养。坚持实践育人，实施“六位一体”实践育人工程。从德育实践、专业实践、文体实践、双创实践、科技实践、社会实践等方面全方位优化和完善育人体系。

4. 进一步弘扬传统文化，建设职业院校文化

建设校园文化园和工业文化主题文创园，打造一批校园文化雕塑、文化角、文化带、文化长廊、主题雕塑、文化展览馆。打造“文化讲坛”品牌，搭建人文大家、业界精英、工匠大师、优秀校友交流平台，推进文化进校园，文化进教室，文化进课堂，营造“追求卓越，精益求精”的工匠文化氛围。建设全国高职卓越学术学报，打造文化品牌栏目。按照“突出科技创新，加强志愿服务、优化文体艺术、鼓励兴趣爱好”的思路，加强学生社团建设，建设具有较强影响力的卓越社团。

## （二）深化人才培养模式改革，培养复合型人才

1. 创新复合型人才培养

坚持“对接产业、动态调整、自我完善”，紧跟产业步伐，针对先进领域技术创新、产品升级和服务现代化，不断加强专业群建设，促进供给侧结构性改革提升人才供给能力和质量。以专业群“四融合、三递进、一贯穿”人才培养模

式改革为引领，全面推进专业群的人才培养模式改革，为产业迈进中高端提供强有力的人才支撑，提升产业的核心竞争力。

2. 深化高端人才培养改革

开展“卓越工艺师”培养，在工科类专业群开展“卓越工艺师”高端人才培养，采取“工程导向+工学交替”的培养方式，用综合性的工程技术项目为载体贯穿全程，培养既懂操作又熟悉现场制造工艺，能解决现场具体工艺技术问题的卓越技术技能型人才。开展“工程医生”培养，在“汽车医生”培养试点的基础上，在工程机械应用技术、汽车制造与装配技术、汽车运用与维修技术等专业试行以“企业现场教学+远程连线教学”为特色的“工程医生”高端人才培养试点，培养具有复杂故障诊断与维护关键性技术工作能力的技术技能型人才。在经济管理、商务贸易、工业设计等专业群开展“物流规划师”“国际商务师”“产品造型设计师”等高端人才培养。

3. 与本科院校合作开展“四年制工程创新”人才培养试点

与本科院校合作开展“四年制工程创新”人才培养试点，探索本科层次职业教育试点，独立开办相同专业的“四年制工程创新班”，采取“学校学习+企业培养”工学交替的方式，培养“专门技能+特殊技能”的杰出技能人才。

4. 实施分类分层人才培养，适应高职扩招政策需求

针对退役军人、下岗失业人员、农民工等不同生源，完善分类分层教育管理机制，改革入学考试方式，根据不同学习基础和就业意向，分类设计人才培养方案，确定课程体系，通过智慧学习支持系统，学习者可以自主选择课程模块内容。全面实施学分制、弹性学制管理，结合不同生源的现实需求，在学习空间上提供最大的灵活度。

### （三）开展“1+X”制度试点，促进双证互通衔接

1. 推进校企协同“1+X”制度试点工作

与企业合作开发体现新技术、新工艺、新规范、新要求的职业技能等级标准。并组织开展培训评价工作。与企业合作开发职业领域职业技能等级证书，建立“X”证书培训基地。

2. 深入推进“三教”改革

高职院校内部统一制定《教材选用和教材动态更新管理办法》，各专业群教

材工作小组根据试点专业的证书标准，组织校企专家共同开发新型活页式、工作手册式智慧教材，同时开发一批校本教材，并同步开展培训资源体系建设，探索利用云技术、大数据开发高质量线上资源，实施线上线下同步教学。每年对教材和资源进行动态更新和调整。将职业技能等级证书标准融入人才培养方案，优化课程设置和教学内容，将证书标准要求与专业群模块化课程改革有机结合。根据对应职业技能等级证书标准的模块化课程要求，由学校教师、企业技师、行业培训师共建结构化教学团队，实施分工协作的模块化教学。开展项目教学、情景教学、案例教学等多种形式的教学方法改革，实施证书考核与课程考试相融合，以同步考试(评价)的方式，让学习者获得学历证书和职业技能等级证书相应学分。

3. 建立与“1+X”制度试点相适应的教学组织模式

面向城乡新增劳动力、在职员工、转业军人、下岗职工和应届高中毕业生等不同对象，将试点工作与实施完全学分制结合起来。根据学习者的不同层次、要求调整教学的方式、内容、进度，定制个性化培养方案。有序开展学历证书和职业技能等级证书所体现的学习成果认定、积累和转换。实施弹性学制，开展适应学生个体差异的学分制管理，在学习进度上给予学习者更大的选择空间。依托“学分银行”建设，构建学分制管理信息系统平台，促进学历证书和职业技能等级证书互相融通。

### (四)推进“一轴双驱”教育改革，培育双创生力军

1. 完善“一轴双驱”创新创业人才培养机制

以创新创业能力培养为轴，修订人才培养方案，实施“创新创业萌芽计划”，通过有针对性的教学活动和模拟创业实践体系，鼓励学生根据自身特点定制个性化培养方案。以教学改革和教学管理体制改革为双驱，通过讨论式、案例式、翻转课堂等教学方法，启迪创新思维。完善创新创业学分认定办法，允许学生调整学业进程，保留学籍休学创新创业。

2. 打造“深度融入产业”的创新创业实践孵化基地

依托职教集团、产业学院等平台，共建具有专业特色的“众创空间”。利用学校技术创新中心、智能制造技术创新中心等技术平台，打造具有产业特色的“创客俱乐部”。引导学生团队以互联网为载体，发挥专业优势，创办“技术驱

动型”服务企业提供集约化场地，孵化创业项目，培育创新成果。

3. 构建“全周期”的创业指导服务体系

依托学校学生社团、科研创新和大师工作室“三位一体”创新平台，搭建“文化培育—大师引领—成果转化”的全生命周期服务体系。依托社团发展中心，鼓励创新创业类学生社团蓬勃发展，出台《社团改革方案》，完善《学生综合素质测评细则》，将学生创新创业活动纳入评优评先、奖学金评定等评价考核体系。依托“大师工作室”，为学生创业计划进行评估指导，提供智能制造、设备自动化、大数据等技术性、前瞻性的帮扶。依托制造服务业研究中心等科研平台，充分发挥科技创新体系的支撑作用，明确教师指导学生创新创业的项目工作量，激发学生参与教师承担的横向课题的积极性，鼓励教师将自主研发的科技成果注入学生创业项目。

## 三、探索内部治理体系建设的专业群结构优化路径

“双高计划”的出台，吹响了中国高等职业教育全面现代化的时代号角，学校建设要以专业集群式对接产业为核心，理清专业产业对接的时代逻辑，找准专业产业对接的路径方法 ，以专业群拉动二级院系改革为抓手，形成专业群合力，激发二级院系活力，以高职院校内部治理和定位变革为重点，实现治理结构和发展格局的变革。

### （一）找准专业产业对接的路径方法 ，打造高水平专业群

服务产业智能化、高端化、绿色化、国际化升级发展要求，打造高水平专业群，开展面向智能生产、智能检测、高端数控加工、智能焊接、智能装配与调试、智能工程机械运用与维护领域的人才培养和技术服务。产生一流的教学创新成果和社会服务贡献，主要办学指标、服务贡献和国际影响处于全国领先位置。

1. 深化复合型人才培养模式改革

推进“四融合、三递进、一贯穿”品德与技能并修人才培养模式改革。夯实校企“双元”育人平台，打造一流的产业学院。校企共同制定和实施培养方案，

动态更新教学内容，创新多学期工学交替的不同模式。针对不同生源，推行弹性学制；制定个性化培养方案，开展现代学徒制培养；构建与职业技能等级证书相衔接的职业课程体系，探索“1+X”证书制度试点。采用“项目驱动+工学交替”“企业现场教学+远程连线教学”等不同方式，开展“卓越工艺师”“卓越运维师”“雏鹰计划”管理精英等面向高端岗位的复合型、创新型卓越技术技能型人才培养。开展本科层次职业教育人才培养试点，并与本科院校深化“2+2”模式的本科层次中职专业课教师联合培养。

2. 校企合作推进资源建设和教材改革

校企共建专业群教学资源库，开发课程标准、学生技能考核标准等标准体系。建设国家精品在线开放课程、省级精品在线开放课程、省级教学资源库。强化师德师风建设，引培一批行业领军人才和名师、名匠，建成国内一流的名师工作室、大师工作室。培育国家“万人计划”教学名师，构建“分工协作、能力互补、动态组合”的高水平结构化教学创新团队，力争建成国家级教学创新团队。鼓励教师参加职业能力大赛。完善教材审定与内容动态更新机制，共同开发活页式、工作手册式教材，立项国家规划教材。所有专业课程推行模块化教学、项目教学、情景教学模式。将教学改革成果申报获国家级教学成果奖，推广应用。

3. 建设开放共享的实践教学基地和产学研用技术技能创新服务平台

建成集“产、学、研、用”于一体的公共实践教学基地，升级、整合“智”造中心、打造一流的产教融合实训基地。组建技术创新与服务中心，开展技术技能传承、创新、新技术推广应用和工匠培育；创建产教融合服务中心，开展产业调研、服务与技术交流，孵化创业项目、培育创新成果；建成专业群关键共性基础工艺技术创新中心，开展关键共性技术攻关，推动产品和技术升级。

4. 全面提升社会服务和国际交流合作水平

开展中小微企业技术服务和智能制造升级改造等技术服务，与企业合作开展应用技术项目，为企业创效。参与完成国家标准、行业标准的开发或论证。开展急需紧缺领域高技能人才培训，建立完整的对口支援体系，加大面向农业农村特别是贫困地区的职业教育扶贫和培训工作。扩大中外合作办学项目，加强与全球化企业深度融合，开展企业驻外和海外基地本土化人才培训和线上线下培训。招收留学生，引进国际优质教育资源，开发并输出技术技能型人才教育教学和培训标准，推动职业教育“中国模式”走出去。

### （三）完善专业群建设协同发展，将企业及社会力量作为重要的治理主体

完善专业群动态调整机制、校企对话协作机制，质量诊断与改进机制，推进校企合作专业群共建，实现特色专业群与装备制造产业的深度融合与协同发展。

1. 建立健全专业群动态调整机制

结合区域产业特点，在职教集团内企业设立企业岗位监测站，建立人才需求和技术发展信息适时反馈和动态响应机制，及时掌握企业岗位结构和能力要求变化，掌握技术升级和业务流程变化等信息，对专业群结构进行优化调整，取消或调整需求下降的专业，应对技术发展，升级人才培养规格、开发新专业或专业方向，对专业资源进行整合和优化，以保障人才培养供给侧与企业需求侧结构要素全方位对接。

2. 完善专业群校企协同育人机制

发挥专业群自身优势，为区域产业开展人才培养、员工培训、技术研发和成果转化等全方位服务。充分利用企业的资源提高育人质量，在设备、技术、人员、管理、文化等方面实现校企融合，形成一体化的育人平台。建立以行业企业、国际认证机构、专业评价机构作为评价主体，将就业率、企业满意度等作为评价核心指标的人才培养质量监控与评价体系。

3. 推进共享资源支撑体系建设

按照专业群发展的总体性要求进行师资、设备、场地配置，对各专业实践教学资源进行有效整合。深化公共性实训基地和专业方向性实训中心相结合的实训基地建设模式。依据群内专业技术领域的相关性，共建课程资源，开发教学模块和实训项目，实现群内专业和各专业群之间的共享。教师以课程或项目为纽带，跨专业、跨专业群组建教学创新团队和科研创新团队、技术服务团队，实现知识、能力互补。通过各类资源共建共享，提高资源使用效益，发挥专业群建设的集聚效应。

## 四、构建以高水平双师队伍建设为抓手的内部治理体系

坚持党管人才，实施人才强校战略，按照“引培并举、校企互通、优化结构、整体提升”的工作思路，深化人才体制机制改革，统筹各类人才队伍建设，构建以高水平双师队伍建设为抓手的内部治理体系。通过实施名师名匠计划、领军团队建设计划、青年英才培育计划，打造“行业领军人才领衔、校企名师为主体、骨干教师为支撑”师德高尚、数量足够、专兼结合、结构合理的高水平双师队伍。

### （一）实施名师名匠引培计划，打造卓越帅才

1. 实施行业领军人才引进计划

按照“行业有权威、国际有影响”的标准，面向全球装备制造领先企业、科研院所和双一流高校柔性引进行业权威专家、职教名师，担任专业群、教学创新团队和技术研发团队带头人，带动专业群教学创新和科研服务能力的整体提升。

2. 实施名匠引培计划

通过实施“关系不转、合约管理、来去自由”的柔性引进措施，按照“手上有绝活、科研有成果、行业有话语”的标准，从产业领先企业，以及设计研究院、科研院所中选聘大国工匠、全国技能大师、全国技术能手、技术带头人等领军人才，担任产业教授和兼职教授，建设一批“技能大师工作室”，带动校内教师技术技能的提升，推动高端技术技能型人才培养，提升工艺与技术的攻关和创新能力。

3. 实施校内名师培养计划

按照“师德高尚、能力突出、素质优秀”的标准，遴选一批德才兼备的校内专业带头人。分批次实行“海外研修半年+企业挂职 1 年+科研”培养计划，提升专业带头人的国际化视野、技术素养和应用技术开发能力，造就一批在国内同类院校、区域行业领域具有较强影响力的专业领军人才。不断提升教师职业能力，培养造就一批“双带头人”和“四有”好教师。

## (二)实施领军团队建设计划，打造攻坚劲旅

1. 打造结构化教学创新团队

依托已有的教学团队，按照“分工协作、能力互补、动态组合”的原则，健全结构化教学创新团队运行机制。实行教学创新团队领衔人负责制，根据教师研究方向和擅长领域，打破组织壁垒、专业壁垒，组建行业权威、校内名师、技能大师优势互补的结构化教学创新团队，推进模块化课程教学模式改革。

2. 打造高水平技术研发团队

依托名师工作室、名匠工作室等平台，联合企业技术专家组建跨界融合的技术研发团队，服务校企深度合作企业，开展技术改造、系统升级、工艺流程优化等技术攻关项目，为企业产品研发和关键工艺攻关提供技术支撑和服务，提升团队科技创新和工程实践能力，增强团队凝聚力。

3. 组建海外人才培养教学团队

服务企业“走出去”人才培养培训，组建“校内名师+企业大师+国际认证考评+外籍专家”海外人才培养教学团队。从世界500强企业引进一批外籍专家，设立“外籍专家工作室”，联合开发装备制造技术国际标准、国际人文素质和国际法律法规等模块化课程。引入德国工商大会上海代表处(Deutsche Auslandshandelskamern)等国际职业认证体系，完善海外人才培养课程资源体系。依托“名师工作室”“名匠工作室”“外籍专家工作室”，校企专家共同开展海外人才培训项目开发、人才培养方案制定等工作，开展装备制造企业驻外人员、海外本土化人才的培养培训。

## (三)实施青年英才培育计划，打造新型匠师

1. 深化队伍建设“四个一工程”

面向中青年骨干教师，开展“四个一工程”(密切联系一家企业，紧跟一项先进技术，建设一门在线开放课程，指导一个学生社团)，全面提升骨干教师教学设计、企业实践、技术创新、社会服务和国际交流五个方面的能力。“联系一家企业”“紧跟一项先进技术”，选派青年教师通过企业访问工程师和企业实践等形式，深入行业企业的技术研发中心、生产一线参与产品工艺改进和技术设

备改造等项目。“建设一门在线开放课程”要求教师根据专业和教学实际，熟练应用信息化教学手段和方法开发一门课程，并组织开展线上线下教学。“指导一个学生专业社团”要求教师根据专业特长认领指导一个学生社团。同时，鼓励资助教师到国内外高校研修或攻读博士学位、开展国际学术交流。

2. 开展职业技能等级证书培训

对接“1+X”制度试点和行动导向模块化教学改革，组织教师赴企业和证书培训基地分批次开展职业技能模块化项目培训，培育一批职业技能等级证书培训讲师，为“1+X”制度试点做好人力资源保障。

3. 完善校企人员双向交流协作机制

依托职教集团，与行业领先企业共建教师企业实践基地，推进教师和企业技术人员双向交流合作。实行合作企业经营管理者、技术能手与学校骨干教师相互兼职制度，共建共享师资与技术人员。规范兼职教师聘任标准和程序，制定“固定岗+流动岗”兼职教师引进机制，吸引企业高端管理和技术领军人才担任兼职教师。实施“学校集中培训，二级学院特色培训，远程培训”的多元培训机制，形成数量足够、相对稳定、素质精良兼职教师队伍。

### （四）完善教师成长激励机制，激发内生动力

1. 完善师德师风建设长效机制

以“立德树人、敬业爱生”为核心，以“教书育人、规范从教”为重点，完善师德师风建设工作机制，培养“四有”好教师。成立党委教师工作部和师德师风建设委员会，统筹协调学校师德建设工作。健全教师思想政治教育培训体系，完善教师岗前和在职培训制度。创新教师思想政治工作手段，建立教师政治学习制度化、规范化、常态化机制，提升教师思想政治素质和师德水平。健全师德师风制度体系，完善教师职业道德规范等文件，将师德师风建设贯穿到教学管理全过程，纳入人才引进、评优评先、人才推荐、岗位晋升等工作环节。构建学校、教师、学生、家长和社会多方参与的“五位一体”师德监督体系，建立师德师风问责机制。

2. 完善“标准先行”的教师专业化成长机制

修订《教师专业标准》，明确专业课教师企业工作背景要求。发挥教师发展

中心作用，根据教师个性化、专业化发展和名师名匠培养特色的需要，完善教师发展规划、培训和服务体系，实施“一师一方案”为教师成长搭建平台，引导教师依据专业发展计划和目标，自我发展、自我完善。教师队伍梯度结构、素质结构、学院结构系统优化，改善教师队伍的工程实践能力和国际化素养。

3. 完善“岗位全周期”教师培养培训机制

新进教师进校一年内实行教育见习，实施指定指导老师“传帮带”。落实教师5年一个周期的全员轮训制度，教师每年至少1个月在企业或实训基地实训，新进专业课教师到企业或生产服务一线开展实践不少于6个月，教师每年参加网络课程建设、信息化教学和外语方面的培训不低于2次。实施教师定期到企业实践制度，专业教师每5年到企业顶岗实践的时间不低于6个月，公共课教师参加社会实践每3年不少于3个月。落实教师全员轮训和素质提高计划，选派参加国家级、省本级培训，赴国内外知名高校、技术研发中心、重点实验室和行业领先企业访问访学。

4. 优化“价值主导，能力为先”的教师考核评价机制

完善教学型、教学科研型、双师双能型分类管理机制。优化业绩贡献导向的评价考核机制，完善《教师绩效考核办法》，实现从“唯数量”到突出“影响力”的转变。建立跨学院、跨专业人才互聘、双聘机制，促进专业深度交叉融合。实行人才薪酬待遇与其履职年限、长期贡献相匹配，年薪制和绩效奖励相结合的协议工资制。适度扩大协议工资制实施范围，探索在各类创新团队的重要专业技术岗位和关键岗位实行协议工资制度。

## 五、推动智慧校园建设，促进学校治理精细化

智慧校园通过融入物联网、大数据技术等一系列计算机技术，为高职院校的日常管理、教学工作、科研等方面提供便利，构建了网络化、全覆盖、具有预警功能的信息化治理系统，传统模式下的办公模式逐渐被替代，人力、财力、物力等各方面的工作，可以通过智慧校园的使用，更加完善，可以及时地去发现学校各方面工作的不足之处，挖掘与整合更多的资源，为学校各方面工作出谋划策，有利于学校管理层更加精细化地实现对于学校的管理工作，有利于高

职院校新的资源配置和行为调节需求，有利于激发教师与科研人员及时捕捉信息、创新问题解决的动力。

实施高职院校校园网双万兆到核心、千兆到桌面，无线网、物联网全覆盖，主要信息资源全数字化，教务、学工、人事、科研、资产等业务子系统全互通的“数字化校园”基础上，升级“智慧管理”体系，优化“智慧学习”体系，打造新一代“智慧校园”，形成校园智慧教育新生态。以信息化技术为支撑，升级传统专业，催生新兴专业。推进学校管理方式变革，提升管理效能和水平。推进数字资源、优秀师资、教育数据的共建共享，助力教育服务供给模式升级。提升师生信息化素养，促进自主、泛在、个性化学习。推进“1+X”证书制度和“学分银行”落地。

### （一）优化升级智慧校园，提升信息化保障能力

1. 完善智慧校园基础工程

建设公共服务支撑平台、智慧教室系统、“掌上学院”移动平台。公共服务支撑平台将建立在“私有云”上的数据中心向“混合云”演进，为各项线上业务的开展提供强有力的计算、存储、安全等基础保障。智慧教室系统采用交互式电子白板+常态化录播+透明计算的建设模式，创新“授课+互动+资源同步建设”的教学方式。“掌上学院”移动平台将学校行政、教学、科研、学生和后勤管理等全线业务实现移动端办理，提升管理服务工作效率。

2. 推进智慧校园提升工程

建设人工智能平台、“虚拟工厂”平台、学校“学分银行”。人工智能平台在智能安防、个性化学习计划定制、机器人客服等方面进行探索与实践。“虚拟工厂”平台采用虚拟现实（VR）技术，在仿真环境下引导完成学习，实现实训环境的智能化。学校“学分银行”对每个学生（员）的学历证书和职业技能等级证书所体现的学习成果进行登记和存储，依规进行学分互认，并与国家“学分银行”对接，提供网络公开查询等社会化服务，为“1+X”证书制度落实提供平台保障。

3. 健全智慧校园保障工程

建立健全高职院校校内网络安全与信息化领导小组，并建立常态化工作机制，强化信息化工作绩效考核机制，形成校内专兼职运维队伍与服务外包相结

合的运行保障机制。大力开展信息化应用培训工作，促进全校师生信息化素养的提升，为师生参加国内外各类信息化技能大赛提供技术保障。

## （二）升级智慧管理体系，提升管理智能化水平

### 1. 可持续发展管理平台建设

按照学校建设任务，为每个项目构建目标链、标准链、任务链、实施链、绩效链管理体系，以资源管理、任务调度、进度监控、成果展示、运行反馈为主要功能，打造建设项目可持续发展管理平台，服务学校建设。

### 2. 综合校务统一管理服务平台建设

通过综合校务统一管理服务平台的建设，使得学校内各项事务更加透明，将线下的业务全部放到线上，做到服务的自助化、流程化、规范化，实现由“管理信息化”向“服务信息化”转变。

### 3. 智能决策辅助平台建设

依托大数据技术，将“服务成效、业务模式、用户行为、用户属性”数据化，为学校的教学管理、人事管理、科研管理、学生管理、后勤管理等各项工作提供智能决策辅助和指导。

### 4. 师生成长服务平台完善

建设教师职业发展平台、学生成长服务平台，“两平台”功能结合最新的大数据与人工智能技术进一步完善，成为师生交流、学习、培训、娱乐等于一体的重要阵地，更加系统、科学、全面地服务于教师的职业生涯发展和学生的成长成才。

## （三）优化智慧学习体系，升级教育供给模式

### 1. 智慧学习平台建设

建设“以学习者为中心，以学习任务本身为焦点”的移动学习平台，教师根据学生线上学习管理的元数据反馈，为学生定制个性化的学习方案，学生针对知识的掌握情况与老师交流，结合穿插进行的任务发布、分组讨论、实验实训、知识技能测试，广泛应用线上线下混合教学，促进自主化、泛在化、个性化学习。

2. 智慧资源平台建设

依托课程联盟，建设体现产业发展最新技术、最新业务以及最新成果的专业资源库。针对“1+X”证书制度中的“职业技能”培养重点建设一批在线教学资源。引进一批国际水准的专业课程资源，将一批学校特色资源转换为以英语为主的多国语言，建成国际交流资源库。收集、整理企业先进制造工艺流程和技能大师、大国工匠的工艺经验，结合大数据与人工智能技术，建设人工智能（AI）工匠资源库。将学校、企业的优质教育资源制作成网络课件，形成“双师课堂”，为企业职工、社区居民、外来务工人员、退役军人等非学历受众制作针对性较强的网络在线课程资源，服务终身学习体系建设。

3. 智能工场平台建设

依托职教集团成员单位，结合人工智能、大数据、区块链等新兴技术，建设智能工场平台，推进产教融合和科教融合。打破中职、高职、本科及研究生教育，学历教育与继续教育，学校与社会、学校与企业间存在的边界。强化学习者的自主性和创造性，使学习设计和课程设计真正体现驱动和激励学习者自主学习的本质要求，实现“信息技术+”升级、整合传统专业，催生新兴专业的效果。

4. 产教融合平台建设

依托5G技术，以“平台对平台、学校加企业”的建设模式，建设校企合作管理与国际交流平台。打破传统三维空间限制，将企业、学校、科研机构和学习者更加紧密地联系在一起，同时通过国际教育合作，推进教育国际化和产业国际化，为中外合作交流、国际化人才培养及企业“引进来”和“走出去”提供信息化支撑。

# 下篇

# 内部治理实践研究

# 第四章

# 高职院校教学治理体系的实践命题

随着高等教育大众化的不断推进，高职院校的教学改革逐渐进入质量提升阶段。从启动质量建设及构建保障体系、确立创新型人才培养目标，到实施创新创业教育、运用现代教育技术，再到充分发挥立德树人的价值引领作用，高职院校的教学改革不断深化，为“双高”高职院校建设奠定了重要基础。在此过程中，教学作为高职院校工作的中心地位，人才培养目标也逐渐从传统适应社会分工的专业定向性教育培养目标转变为复合型多适应性的人才“1+X”培养目标，即以异质性与差异化的专业技术知识结构，专业技能基础上的综合职业能力与多重整合智能体系，复杂社会实践的适应与应变力，技术学习的迁移力，跨专业思维及解决问题的能力乃至接受继续教育的可持续发展力为培养目标。但客观来说，高职院校人才培养质量还存在一些短板，迫切要求加强高校教学治理，改进人才培养模式。针对高职院校教学治理实践中存在的一系列问题，本章对职业指导课程、文化课程、校本教材开发、定岗实习等教学治理方面的问题做了如下思考。

## 一、教学治理视角下的传统工艺文化课程重构

高等职业教育实质上是一种培育匠人的教育，教学治理的关键应重视学生实践能力、应用能力的培养，提倡弘扬工匠精神，提升技能技巧。

我国自古以来是一个手工业高度发达的国家，从石器时代、青铜器时开

始，就有许多文化底蕴深厚、做工精湛的手工艺作品产生并流传下来。高职院校是培养高级技能型人才的主要场所，在人才培养上，尤其重视学生实践能力、动手能力的养成。高职院校不仅是弘扬与发展民间传统文化的重要场所，具有有效传承民间传统文化的优良环境，而且有能力在传承民族文化的重大任务中发挥出重要作用。

### （一）教学治理视角下的传统工艺文化课程实施

当前，为了传承与发展民间传统文化，不让它们“断档”失传，一些高职院校已经开始通过开设专业，开设一些课程，将一些民间传统文化引入教学，从年轻一代抓起，助力优秀的传承人脱颖而出。

#### 1. 民间传统工艺文化的内涵界定

我国是一个多民族的国家，各个民族有着不同的文化风俗与习惯，还有着丰富灿烂的民族文化传统与工艺。民族文化就是各个民族在其历史发展过程中，所创造和发展起来的具有鲜明本民族特点的文化，包括物质文化和精神文化。民间传统工艺文化是传统民族文化的载体之一，它贯穿在不同民族人民各自的衣、食、住、行中，体现了各个民族劳动人民的勤劳、智慧、勇敢与丰富多彩的文化生活。民间传统工艺是指与各民族的物质生活紧密相关的工艺技术与技能，如建筑、雕塑、服饰、竹编等制作技艺，在物质产品中隐含了各民族的思想与智慧，工艺主体代代相承的技艺知识、审美意识和观念信仰，在其指引下的制作行为是确保传统手工艺能在少数民族生活中继续存留的关键性要素。由此可见，工艺的延绵发展必须依靠劳动人民有意识地代代相传。所以，高职院校作为高等教育的重要组成部分，必须积极承担起传承民间传统工艺的重要责任。

#### 2. 高职院校民间传统工艺文化课程存在的问题

在高职院校中，开设传承民间传统工艺文化的课程，要充分发挥出其地方性特色和人才、信息、技术等资源充足的优势。在实施过程中，不仅要有详细、明确的课程培养计划，而且要注重课程计划开展实施的力度和深度以及课程实施后的质量和效果。然而，就我国目前高职院校开设的民间传统工艺文化课程现状来看，高职院校传承和创新民间传统工艺文化的作用发挥得并不完全。除了某一类专门传授传统艺术和工艺的高等职业艺术院校和专业，其余大部分院校或专业对民间传统工艺文化的传承力度还比较小。民间传统工艺文化课程化对高职院校来说，是一个值得探讨的问题。

(1)课程类型开设不全，能力培养结构单一。

从基础教育阶段开始，在校学生就开始接受艺术教育，但是一般学校所开设的艺术教育课程涉及面却十分狭窄。我国民间传统工艺文化的内容十分广泛，但是对于大多数学生来说，他们在中小学阶段所接受的民间传统艺术教育仅仅只是停留在音乐和美术这个范围内。通常音乐课就是教学生唱歌，美术课就是教学生在平面上作画，因此很难真正提高学生的艺术素养和鉴赏力。这导致高职学生民间传统文化教育的基础十分薄弱，艺术素养不足，需要通过高职院校艺术基础课程的进一步学习来提高。但是，当前高职院校艺术类课程类型单一，注重现代艺术课程，忽视了民间传统工艺课程。同时，在艺术课程教学中强调提升学生的操作能力，机械化地教给学生各种技巧，如雕刻技巧、绘画技巧、发声技巧等，没有注重提升学生对艺术作品的鉴赏能力，陶冶学生的艺术情操，故而难以激发学生对民族文化、民族精神的强烈情感。

(2)课程设置盲目跟风，地方特色不明显。

由于不同地域经济和文化等因素的差异，各地区非物质文化遗产保护工作发展不均。表现为中西部内陆地区民间工艺种类繁多、历史悠久，物质文化遗产保护资金与力度却相对不足；东部沿海经济、文化发达，传统艺术保护工作相对深入；偏僻、欠发达的少数民族地区有着最为纯正、质朴的民间工艺却远离世人的视线。

这种差异，在高等职业教育中也有所体现。受社会、政府重视程度的影响，各种民间传统艺术及工艺在学校中所受重视的程度和发展力度也大不相同。有些高职院校在专业、课程设置上盲目跟风，忽视了本地区人文特色，只注重发展那些已经受到社会重视，并且正在火热进行保护工作中的文化遗产相关专业。而那些真正有着鲜明的地方特色、艺术价值极高却濒临消亡的传统民间工艺，却往往被学校忽视，而没有得到应有的保护和充分的发展。

(3)课程实施力度不强，滞于计划表面。

当前，高职院校各个专业虽然根据不同的人才培养目标和要求，制定了完备的课程大纲，开设了不同类型的课程。如高等职业艺术院校为了发挥其传承民间传统文化和传统工艺的作用，也开设了多种多样的理论课和实践课。但是，由于学校教学场地与教学设备不完善、教师教学手段和教学方法较单一、学生缺乏浓厚的专业兴趣、评价体系不科学等问题，导致课程实施停留于课程计划表面，实施力度不强，实施效果不好。

(4)教师艺术素养不够，学生缺乏兴趣。

一方面，高职院校中，缺乏一支素质真正达标的"双师型"教师队伍。教师专业素质结构单一，或教学理论基础不扎实、教学经验不足都会影响到课程实施的质量和效果。高职院校在民间传统文化和民间工艺课程实施中，同样面临类似的问题。教师自身文化艺术素养参差不齐，通常把学生固定在自己所授课程的条条框框里，很少能将不同科目有机联系起来，发散学生的思维，传统工艺课程缺乏历史延续性。因此，教师在授课时所涉及的知识面狭窄，导致学生思维僵化，不能艺术化地思考问题、人文化地解决问题。

另一方面，许多学生进入高职学习后，对于传统工艺文化缺乏足够的兴趣，即使是艺术类高职院校的学生也存在着忽视民间传统工艺文化的现象，导致他们学习动力不足，学习态度不端正，难以主动钻研技艺技巧，发扬工匠精神，弘扬与发展民间传统艺术。

3. 高职院校民间传统工艺文化课程建设策略

民间传统工艺文化的传承不仅仅依赖艺术类高职院校，更要通过所有高职院校努力来进行，这既是民族传统文化传承的需要，更是高职通识教育的需要，也是培养高职学生民族责任感，自豪感与综合素质的需要。如湖南省的棕编、菊花石雕、土家织锦、民间剪纸、湘绣等民间传统工艺文化资源非常丰富，反映了湖湘人民的智慧。实现民间传统工艺文化的课程化，构建一套能够有效传承民间传统文化与传统工艺的课程体系，是高职院校真正发挥传承与创新民间传统文化与民间工艺最为实用有效的举措。

(1)高职院校实施民间传统工艺文化课程的原则。

我国民间传统工艺文化源远流长，各个地区民间传统文化与工艺具有地方特色鲜明、历史内涵丰富、群众基础扎实等特点。针对当前存在的问题，高职院校在设置和实施民间传统工艺文化课程时应准确把握并发挥出自身特点及优势，遵循以下原则：

①结合区域特点，强化地方特色。中华民族地幅辽阔，各个地区、各个民族都具有特色鲜明、历史悠久、文化底蕴深厚的独特地方文化。所以，不同地区的高职院校在开设民间传统工艺文化课程时，应该根据本地区的特点，充分

利用人才、历史、自然环境等资源优势，开设地方性鲜明的课程，设置地方性鲜明的专业。

②注重启发诱导，激发原创精神。教师在实施民间传统工艺文化课程时要重要注重启发诱导。俗话说：“师傅领进门，修行靠个人。”教师在教学时不仅要教学生如何去做，传授各种技能技巧，而且还要有意识地去培养学生对传统文化、传统艺术的鉴赏能力，激发学生对专业学习的浓厚兴趣。引导学生深入钻研，自主创作，鼓励原创精神和原创作品的产生。

③因地制宜，服务地方经济。自古以来，我国南方地区人民生活的特点就是靠山吃山，靠水吃水。由此可知，一方水土养一方人。一个地区的人文文化、传统习俗、人民的生活习惯与该地区的自然资源分布情况、人文环境特点等地理因素是分不开的。所以，为了能够有效传承最纯正、最地道的民间传统文化和工艺，高职院校在开设和实施民间传统工艺文化课程时要立足于本地区的地理特点，为发展本地区的经济服务。

(2)高职院校实施民间传统工艺文化课程的具体策略。

首先，必修课与选修课并举，实现民间传统工艺文化通识化。要想让在校的所有学生都重视民间传统文化课程，深刻理解传承民间传统文化与艺术的重要性与迫切性，就必须在开设课程时，注重课程开设类型的多样化。因此，在高职院校中可以同时开设民间传统工艺文化相关的必修课和选修课。

在高职院校通识必修课程中增加民间传统工艺文化内容，学生通过对该课程的学习，能够有效提升艺术修养，夯实传统文化艺术基础，提高技艺水平。设置民间传统工艺文化选修课程，可供专业学生与非专业学生共同学习，服务他们的不同需求。学生们可以根据自己的兴趣爱好自主选择课程，或以拓展艺术视野，或以陶冶艺术情操，更能以此来培养高职学生对我国民间传统工艺文化的兴趣，激发学生对我国传统民族文化的强烈感情，使得民间传统工艺文化课程能够切切实实地影响到每个学生。

其次，着重增加传统艺术作品赏析内容，提高学生的艺术鉴赏能力。要传承民间传统文化，首先就要让学生学会如何辨别艺术作品，如何欣赏传统艺术、工艺作品，学会判断艺术作品优良及价值。高职院校在教学大纲中要增加专门的艺术作品赏析内容，教师在授课时应该向学生传授系统的艺术作品赏析方面的知识。

教师在备课时要精心挑选出经典的、有鉴赏价值的艺术作品，在课堂上带领并引导学生一同欣赏。注重将民间传统工艺文化渗透入各学科教学中，让学生学会欣赏，形成自主欣赏的惯性，让学生在各种工艺作品的熏陶下潜移默化地提升自身的文化艺术修养。此外，教师还要注重培养学生的语言表达能力和文字写作能力，让学生能够将自己的所见、所想、所思表达出来，以便师生、同学、同行之间进行交流。

第三，开展校园活动课程建设，弘扬工匠精神。在高职院校中传承民间传统工艺文化，还可以通过开展一系列校园文化活动等隐形课程的形式来进行。通过鼓励学生参加丰富多样的校园文化活动，培养学生的艺术审美能力，弘扬工匠精神。

不同地区的学校可以根据所在地区的工艺文化特点来开展校园活动。如在民间传统文化灿烂辉煌的湖湘大地，不仅是炎黄始祖播种文明的起始地，还是屈原、贾谊求索救国良方，魂魄安息之地，有着特色鲜明的织锦、剪纸、湘绣工艺等。因此，湖南地区的高职院校可以发挥本地区工艺文化资源优势，充分利用各种有形与无形、物质与非物质的民间工艺文化，组织开展类型多样，具有湖湘民间工艺文化特色的校园文化活动。此外，学校内部、学校与学校之间也可以多开展一些校园或校际间的竞赛活动。主办方要积极寻求政府、企业和社会上各相关组织对工艺传承活动的经费支持或场地支持。让学生在自主参与活动的过程中感受民间传统艺术与民间工艺的魅力，在个人探索或团队合作交流中激发创造热情，在良好校园环境的熏陶下升华艺术涵养和人文情操。

第四，利用地区校外课程资源优势组织采风活动，陶冶学生艺术素养。不同地区的高职院校在实施民间传统文化课程时要充分发挥出其地域特色，如湖南省西部少数民族区域地理风貌奇特，人文历史底蕴深厚，民风质朴，民族工艺种类繁多，具有极高的经济、文化与研究价值。教师应该充分利用这一优势，多就近组织采风活动，带领学生感受民间艺术之魅力。鼓励学生多与民间手工业者、民间艺人进行交流，在其中感受艺术作品的生命力和匠人的人格魅力，激发学生的创作灵感，培育工匠精神。

第五，加强传统文化教师队伍建设，提高教学实效。由于民间传统工艺文化具有很强的个体性和手工特色，学习与传承周期比较长，导致传承者队伍规模比较小，素质参差不齐。在高职院校开着民间传统工艺文化课程，教师队伍是一个非常大的制约因素。加强教师队伍建设是高职院校刻不容缓的工作任务。一方面是引进专业人才，加强培训，完善培训制度建设，提高对民间传统工业文化的传承实效。同时青年教师要经常与民间手工艺者进行沟通交流，培育双师型教师。另一个方面，加强兼职教师队伍的建设，从民间手工艺者或者从事传统工艺产品生产的企业聘请技术骨干指导专业教学，承担专业技术技能教学任务，从而提高高职院校对民间传统工艺文化的理解与认识，提高技术技能。

### (二)教学治理视角下的传统文化课程实践探索

要实现国特色社会主义文化自信的时代价值，人们越来越关注中国的优秀传统文化，尤其是民间的传统手工艺。湖湘民间传统文化底蕴雄厚，2006 年湘绣被列入第一批国家级非物质文化遗产，我们选用湘绣作为传统文化课程构建的实践。将湘绣融入高等职业教育课程体系，能够很好地实现湖湘文化的课程化，增强年轻一代对湘绣文化的认同感和归属感。然而，在这一融合过程中，必然面临诸多的困境。

湘绣是湖湘文化中一种优秀的民间传统工艺，与苏绣、蜀绣、粤绣齐名，并称为中国的四大名绣，是以湖南长沙为中心的带有鲜明湘楚文化特色的湖南刺绣产品的总称。距今已有 200 多年的发展历史。湘绣作为湖南省的省粹，已经成为文化强省的一个重要组成部分。

作为传统民间工艺，湘绣需要高技能人才去传承，需要培养理论基础扎实、具有高度欣赏创造的人才，还要培养一批从事湘绣设计与操作的实践人才，这需要高等职业教育课程体系中增加传统文化的元素，将湘绣融入高职课程体系之中。湖南工艺美术职业学院利用自身优势，抓住契机，于 2006 年 3 月在全国首开湘绣设计与工艺专业，推动湘绣产业的振兴与发展。这说明在民间传统手工艺、职业教育备受关注的今天，在职业教育中传承民间传统手工艺，在民间传统手工艺传承延续中发展职业教育，已经成为一种可能。

(1)湘绣融入高职院校课程体系的意义。

湘绣融入高职院校课程，在高职课程体系中具有非常重大的意义。

首先，有利于传承和弘扬非物质文化遗产。文化兴国，文化强国。对优秀传统文化的继承和弘扬，有利于提高民族的文化自信。传统手工艺作为传统文化中的一部分，是一个民族的特色，也是区别于其他民族的鲜明特点。

文化传承与弘扬是高等教育的重要责任，而高等职业教育又是高等教育的重要组成部分，为发展地方经济服务，传承地方优秀传统文化是各大高职院校的使命。作为湖湘文化的代表，湘绣引入高职课程之中一方面可以开阔学生的视野，丰富学生的人文情怀，增强民族文化认同感，增强文化自觉和文化自信；另一方面，提高湘绣的民众认同度，培养学生树立自觉传承守护传统文化的意识，这一意识一旦得到广泛的认同，就会涌现出一大批非遗传承人，从而有利于传承和弘扬湘绣这一非物质文化遗产。在湖南提出‘文化强省’的战略背景下，湘绣以其低碳、环保、高附加值、可持续发展等诸多优势，成为战略的首选产业。湘绣不仅是一门手工艺术，更代表了几千年来祖祖辈辈湘绣艺人的热情与坚守，将湘绣融入高职课程，有利于学生学习这种不忘初心、牢记使命的精神，为我国立足于世界民族文化前列奠定精神基础。

其次，深入贯彻“产教融合”新理念。“产教融合”是我国的重大决策部署，近几年被国家领导人和社会舆论屡次提及。在现代社会中，民间传统文化的传承依靠民间作坊的力量是不可行的。将湘绣融入高等职业教育课程体系，通过高等职业教育培养了解湘绣，会欣赏，更掌握湘绣技术技能的人才，进而反哺湘绣产业是深化“产教融合”的举措。如湖南工艺美术职业学院湘绣专业在此方面进行了探索。培养途径为订单式培育，定向为湖南省湘绣研究所、湘绣城企业集团、长沙金球湘绣公司等单位培育了一大批高素质技能型人才。订单式培养很好地贯彻了“产教融合”的理念，学生在学校学习理论知识，到企业进行见习或实习，理论与实践的结合有利于加深学生的专业理解和实际操作能力，学生毕业后能够直接走上工作岗位，促进学校和企业的无缝对接。

第三，有利于培育工匠精神。“工匠精神”既是传统文化的思想精髓，也是现代社会发展的职业准则。湘绣是一种美的艺术，专业技能型比较强，需要精益求精的职业态度。将湘绣融入高职课程体系，有利于高职学生磨炼性格，形成认真观察、关注细节、精神专注的习惯，养成一种对作品完美、极致追求的孜孜不倦的工匠精神。精益求精是工艺美术本质的内在规定性，只要是工艺美术品的生产，必定也必须是精致的，学生也必须精益求精，在专业教学中提高工匠精神职业素养和专业技能水平。学生只有对职业怀有敬爱之心，才会不断追求产品的精湛和进步，如此，高职院校才能培养出社会所需要的技术人才，才会得到企业和社会的充分认可，高职院校也才会实现自身的长远发展。

(2)湘绣融入高职院校课程体系的制约因素。

湘绣融入高职院校课程体系，通过课程加以传承，使之专业化、具体化，通俗易懂，但在发展过程中必然会面临诸多的制约因素。这种制约既来自湘绣自身的特点，也来自高等职业教育管理者对待湘绣的态度以及湘绣融入课程的实际条件等方面，如教材、教师、教学场所等。

首先，受制于湘绣工艺传承的特点。湘绣本身作为一种手工艺术，与人的天赋具有很大的关系，心灵手巧，能吃苦耐劳，对湘绣感兴趣是学习湘绣最重要的三要素。如若心不灵手不巧，即使再怎么学，也是掌握不了其精髓的。如今湘绣手工艺者大多为中老年人，很少看到青年人，一部分原因就是现在的年轻人耐不住寂寞，坐不住；还一部分原因就是绣工的工资待遇不高，很难吸引到优秀人才，从事刺绣的人也就也来越少。

当前，我国学校的主要教学组织形式是班级授课制。几十号学生一起上课，教师在上面讲授知识，学生在下面听课做笔记。文化课还可以，但像湘绣这种注重技巧的工艺，如果也采用班级授课制的方式向绣工们传授技艺，恐怕成效甚微，效果不明显。湘绣需要实行小班教学，三四个学生配备一名老师，将每个动作都练习到位，这在高职教学实践却很难执行，一方面是因为师资不足，无法满足小班教学的要求；另一个方面是培养一名优秀的绣工是需要花费很多的时间和精力的，精雕慢琢的工艺逐渐被当今快节奏的生活方式、越来越短的更新周期所淘汰。因此，湘绣自身的特点也是湘绣课程化的制约因素之一。

其次，高等职业教育管理者对待湘绣的态度。地方高职院校强调“地方性、特色化、高水平”三个核心特点，湖南工艺美院致力于湘绣专业的发展，将湘绣融入其课程体系，打造特色专业品牌、建设特色院校，这是一种良性发展的思路。该校湘绣专业的成功反映了管理者对待湘绣专业的认识，对传统民间文化传承的一种责任感。

民间传统文化的传承并不仅仅是艺术专业类高职院校的责任与发展思路，对于其他类别的高职院校同样可以传承湖湘民间工艺文化。但是，从现实状态来看，很多高等职业教育管理者，认为民间传统技艺与文化与自己院校的专业搭不上边，没有必要将其融入课程体系之中，这也就是为何湖南省这么多高职院校，将湘绣融入高职课程体系中的却只有屈指可数的几所艺术类院校的原因。

第三，湘绣融入高职院校课程体系的条件有待完善。湘绣融入高职院校课程体系的条件还有待完善，首先是教材，市场上有关湘绣系统性的学习教材及资料比较匮乏，主要是因为湘绣源于民间，学术界对其进行系统的搜集和整理还不够；同时，湘绣的传承依靠的是师傅带徒弟的经验式传授，理论研究偏少，与湘绣教学相关的书籍不多，现有书籍的内容主要是介绍湘绣的历史发展和具体的针法，没有针对教学使用的书籍。其次是教师队伍建设。从年龄结构上来说，老年和青年教师居多，中年教师少，中年教师出现断层。例如著名湘绣大师刘爱云大师作为带头人，已是耄耋之年，心有余而力不足。最后是教学场所，湘绣的教学场所相对而言比较特殊，需要有专门的教学工具、设备，而这些设备的配置需要花费大量的教学资金和经费。有些高职院校的教育经费不足，斥巨资建设湘绣专用教室是很难实现的。

(3)湘绣融入高职院校课程体系的对策研究。

湘绣融入高职院校课程体系是一个逐步扩展、逐层深入的过程。针对存在的问题，应提升民众对湘绣的认知度，解决其教学资源问题，加大师资队伍建设。

首先，重视湖湘民间传统工艺的课程化。湖湘民间传统工艺文化要实现课程化的前提是要得到高职管理者的认可，高职管理者只有看到了这门课程所带来的意义与价值，他才会将其付诸实践。湖湘民间传统工艺文化的课程化，不仅能够让高职院校实现校园文化与地方文化的相互融合，丰富学生的校园文化生活；而且能够提升高职院校自身的人文素养，从而准确地进行自我定位，为“文化强国”战略贡献出自己的一份力。同时，教师要注重课程的趣味性和灵活性，以生动形象、深入浅出的方式向学生介绍湖湘民间传统工艺文化，调动学生的学习主动性和积极性，让学生在快乐中学习。避免课程的枯燥乏味，要不然开设了也没人愿意去听，就形同虚设了。当今已经很少能够见到诸如皮影戏等民间传统工艺了，很大一部分的原因就是因为缺乏对年轻一代的教育，因此而导致诸多的优秀民间手艺面临着灭绝的危机。湖湘民间传统工艺文化的课程化在这一点上发挥着非常重要的作用，此课程的开设在一定程度上能够加深年轻一代对民间传统工艺的印象，最起码不会走向被人淡忘的地步。

其次，开设湘绣素质课程。素质教育是为了满足社会的发展和人的发展，以面向全体学生促进学生的全面发展作为根本目的尊重学生的主动性与个性化发展。在中国传统文化中，女红是女子的一项必备技能，同时也是修身养性、培养女子沉稳安静性格的一种手段。在高等职业教育中，为提高学生的综合素质，可以将湘绣作为素质教育课程，放到选修课程中。选修课的主要教学目的就是拓宽视野、增长见识，发展技能和特长，激发学生的学习兴趣。湘绣素质课程的开设，能够让更多的学生关注湖南的传统文化，湘绣不至于淡出民间视野，同时丰富高职生的校园文化，有利于提升其人文素养。

第三，加强湘绣专业教材开发。教材是知识的载体，是教师授课的范本，是学生学习的工具。湘绣教材开发者在教材开发上，需要深入民间，向从事湘绣行业的工作者汲取经验和教训。同时请教相关领域的专家、教育工作者和管理人员，系统开发一整套教材，涵盖湘绣设计、生产、应用、营销的各个环节。湘绣设计类教材重点培养学生的设计能力，湘绣工艺类教材介绍湘绣生产过程中的材料、工艺、流程，湘绣应用类教材全面介绍历史、现实、未来湘绣产品的使用领域，湘绣营销类教材则要介绍湘绣与一般产品营销的区别。在这个方面，湖南工艺美术职业学院进行了有益探索，组织企业专家和学院专家的教学团队共同开发了湘绣专业教材：《湘绣》《湘绣技法》《湘绣制品》《湘绣简史》等，颇有成效，但任重而道远，仍需继续努力。

第四，加大湘绣师资队伍建设。名师出高徒，没有强大的师资队伍，人才培养也就无从谈起。对于青年教师，可以派经验丰富的优秀老教师对其进行一对一指导，指出其有待完善之处；同时，青年教师要经常去企业和湘绣手工艺者进行沟通交流，以防止知识的老化和固化。从理论和实践两方面提升青年教师的教学水平。为教师提供去高校进修培训的机会，有利于提升教师的教育理论素养，丰富其教育理论知识。但是，要真正胜任需要大量岗位经验的相关课程。因此在建设素质优良的学校专任教师队伍时，还要加强兼职教师队伍的建设，从企业聘请技术骨干指导专业教学，承担专业技术技能教学任务。专兼职教师相互协作、相互互补，实现共同育人。

第五，构建以大师工作室为平台人才培养模式。对于民间传统工艺文化的传承，高职院校通过建立大师工作室的方式，结合现代师徒制是一种有效的选择。就湘绣传承来说，为了向社会输送一批高水平的湘绣技能型人才，湖南工艺美院湘绣艺术学院就成立了刘爱云大师工作室和李艳设计大师工作室。以大师工作室为平台，开展工学结合、校企合作，打破传统授课形式，将教学场地延伸至工厂、企业车间、模拟工作室、校内实训室等。对湘绣设计与工艺专业“现代学徒制”人才培养方案、专业课程建设、教材开发、教学资源共享公用、多方教学质量评价等明确职责，形成科学合理、操作规范的校企双主体育人及成本分担机制。这种人才培养模式改变了以往湘绣人才成长缓慢、效率低的问题，大大提升了湘绣人才成长的速度与质量，对湖南工艺美院来说是一个巨大的突破。当然，这并不是说其他的高职院校就一定要模仿湖南工艺美院的人才培养模式，而是在借鉴其优秀经验的基础上，结合自己院校的实际情况构建符合自己院校特点的人才培养模式。一花独放不是春，百花齐放春满园说的便是这个道理。

## 二、教学治理视角下的企业文化教育

企业在招聘技能人才的时候，对职业道德的要求和对企业文化的认同已取代对技能的要求成为考察毕业生的首要指标。高职院校在人才培养过程中，将企业文化引入校园，使学生在踏入社会走向工作岗位之前就接受企业文化教育，感受企业文化的熏陶，越来越成为校企合作人才培养体系的重要组成部分。

### 1. 企业文化与职业教育

企业文化是在企业长期发展过程中形成的。作为一种成熟的文化，企业文化不仅是一个企业的核心价值观和经营理念不断创新的结果，而且更是企业组织形式不断演进的结果，它与企业最高组织形式现代企业相适应。20 世纪 80 年代，企业文化建设在西方企业界开始受到普遍重视，风靡一时，成为企业赢得核心竞争力的法宝。如今“三流企业做产品，二流企业做技术，一流企业做文化”成为人们的共识。

尽管对企业文化的理解各种各样，但企业的核心价值观，都被视为企业文化最重要、最基础的部分。从企业内部来看，所有权的性质决定了企业的根本价值取向，在公有制企业、股份制企业、私营企业和外资企业有着不同的表现形式，可以说，每个企业都有自己的企业文化。如“三一重工”的“先做人，后做事，品质改变世界”，强调做人比做事更重要，人的品质比产品的品质更重要，人的品质是改变世界的主要因素；海尔集团的“有生于无”，强调以观念创新为先导、以战略创新为方向、以组织创新为保障、以技术创新为手段、以市场创新为目标，其核心是“创新”。必须强调的是，在现代中国社会中受社会主义道德观和传统儒家思想的影响，无论什么性质的企业，文化的表象虽有差异，但文化取向和核心价值观都是相同的。职业教育以培养企业所需技能人才为根本任务，对于人才的培养应该是全方位的，企业文化教育应建立在校企合作基础之上，既要培养共性的企业文化，又要培养个性的企业文化。

2. 构建高职院校企业文化“三阶段四平台”教育体系

高职院校企业文化“三阶段四平台”的教育体系，即“企业文化认知阶段、企业文化深化阶段、企业文化对接阶段”和“教师平台、课程平台、实训平台、订单平台”。每个阶段、每个平台不是独立存在的，是互为基础、紧密关联、相互促进的，着力于人的全面素质培养。

(1)三阶段的内涵。

①企业文化认知阶段。

任何教育的实施都不可能一蹴而就，学生对知识的接受需要一个从认识到深入的过程，只有在完全和清楚了解某些知识的基础上，学生才能做到对 这些知识的理解和运用。企业文化教育也不例外。因而，实施企业文化教育首先要培养学生对于企业文化的认知。认知即人脑接受外界输入的信息，经过头脑的加工处理，转换成内在的心理活动，再进而支配人的行为的过程。刚入学的新生对于自己今后即将学习的专业和可能从事的工作并不太了解。企业文化对于他们而言，只是一个听说过的概念，具体是什么，与他们的学习和工作又有什么关系，他们并不清晰。因此，学校首先要对学生进行企业文化基本内容的介绍，让学生对企业文化有初步的感性认识。这个阶段的企业文化和校园文化的有机融合是重点要解决的问题，什么是企业文化、企业文化的特征、推行企业文化的意义何在等等，这些问题都是学生需要在认知阶段了解和掌握的。

在这一阶段，学生接触和了解企业文化的主要途径是环境、课程以及教师。用企业文化展示板、企业名字命名的校园道路以及教学场所、企业宣传片等方式将企业文化和校园环境有机结合，使学生不出校门就能感受到企业文化的氛围。在“企业认知实习”“专业介绍”等相关教学环节融入企业文化的内容，专业教师在课程的开始就做有关企业文化的介绍。通过在各环节中渗透这些内容，从而有的放矢地使学生了解、认识、感受企业文化。

②企业文化深化阶段。

通过对企业文化认知阶段学习，学生对企业文化已经有一定的了解。随着课程教学的深入和相关专业实习实训的展开，企业核心价值观、管理理念、职业道德等精神层面的教育内容是这一阶段的重点。教师在这一阶段可以逐渐脱离书本知识，结合自身的一些经历来为学生介绍企业文化知识。通过开设专门的课程，让学生对企业文化有更深层的认识。实训作为高职院校的主要教学手段之一，是对 学生进行企业文化教育最有效的环节。按照企业产品生产过程布置实训现场，实行车间化管理，引入企业标准，将真实产品作为教学案例，聘请企业技术人员做实训指导教师。有条件的学校可以采取学校出场地，企业提供设备、技术、项目、管理模式的方式在学校建设集生产、教学、产品开发为一体的生产(实训) 基地。把学生放在真实的生产一线进行实习实训，在生产性实训教学中，感受企业的生产环境，接受企业文化的熏陶。

③企业文化对接阶段。

如果说认知阶段和深化阶段是企业共性文化教育，对接阶段则是企业个性文化的培养，“订单培养”“顶岗实习”是这个阶段的主要表现形式。通过前面两个阶段的学习，学生虽然在概念上了解了共 性的企业文化，掌握了其起源和发展过程，但缺乏有针对性的企业个性文化的培养。企业文化对接阶段作为前两个阶段的延伸，能够很好地解决这一问题。按照通常的教学规律，具体企业个性文化的培养应 该是学生毕业到企业工作后进行的，将这个过程前移，学生可以最大限度地提前了解企业的组织结构、核心价值理念、精神风貌，寻找自己所学所长与企业的契合点，通过与企业个性文化的对接来做好自身的定位，找到自己与企业间的最大适配度。

(2)四平台的基本构成。

①教师平台。

同志曾在《实践论》中指出“在阶级社会中，每一个人都在一定的阶级地位中生活，各种思想无不打上阶级的烙印”，结合企业文化教育的教师平台，我们可以拓展性地理解为每一个人在不同行业企业工作过，他们在教学过程中表现出的思维方法、价值取向和行为习惯，也都会打上不同行业企业的烙印，并对学生们产生有形无形的影响。高职院校教师的来源广泛，有来自企业、机关的人员，也有其他高校的教师和大学应届毕业生。其人生经历与职业背景都有不同，表现出来的文化特质必然也不同。有企业工作经历的教师，特别是在车间生产一线从事过技术工作的教师，从事教学活动时通常明显地表现出“企业人”的特质。而那些没有企业工作经历的教师，也就是通常所说的从学校到学校的教师，由于基本仅受到校园文化的熏染，其表现出来的性格气质就或多或少地是其母校校园文化的烙印。

学生在学习过程中接触最多的就是教师，通过教师个体在教学过程中乃至在平常和学生的接触过程中，以各种形式，通过自己的言行举止，对学生的文化培育产生影响。大学生虽说就生理年龄而言已 步入成年，但心理年龄、思想道德的形成正处在关键时期，社会的影响、文化的影响、周边人和事的影响，特别是教师的言传身教将对其价值观的形成、职业道德观的形成和职业文化的培育产生重要作用。

因此，学校所属行业不同，开设的专业不同，学生的职业岗位面向不同，教师应具备的职业经历和素质要求也不同。特别对于职业院校，教师队伍的建设更应该重视其职业背景，工科类专业教师应该有企业工作背景，管理类专业教师应该有公司或机关工作背景等等。直接从院校毕业的教师，一定要到企业锻炼，已有企业工作经历的教师也要经常回到企业进行再锻炼，不仅是专业技能的培养，企业管理模式、生产模式、生产工艺的学习，更重要的是企业文化的熏陶，对企业文化核心价值观的认可和传播。只有这样，职业院校才能有效地搭建起学生企业文化培养的教师平台。

②课程平台。

企业文化教育的课程平台，通过显性课程和隐 性课程二者共同实现。显性课程是指学校教育中明 确列入教学计划的、直接的、事先编排好的学科课程和活动课程。隐性课程则是指存在于教学计划以外的非正式课程，是指教育者在教育环境中对学生施 加的无形影响，在教育效果上可对学生起到潜层影 响作用的课程。显性课程与隐性课程是学校课程系 统的两个方面，它们是相辅相成的关系，都在学校的教育教学活动中发挥着不可忽略的作用。学校教育应自觉地将显性课程与隐性课程有机地结合起来，有步骤、有计划地安排，促使二者合力对学生产生影响，以达到育人的目的。与显性课程相比，隐性课程具备不可忽略的特征，例如，间接性、渗透性、隐含性、广泛性、持久性等。其体系可以延及学校生活的各个方面，有物质层面的隐性课程、制度层面的隐性 课程、观念层面的隐性课程以及行为层面的隐性课程。物质层面主要表现在学校的建筑及设备，即各 种建筑的风格、造型、格调和品位等，各种设备的配 置、技术和联系；制度层面包括学校的组织机构、管理体制、班级管理方式以及社团运作方式；在观念层面是指学校的办学理念、教风、学风和校风；行为层面主要包括师生间的交往、教师间的交往、学生间的交往以及学校与企业的交往等。将校园的隐性课程 注入企业文化的元素，可以为校园企业文化的教育打造一个良好平台，使学生在潜移默化中理解并吸收企业文化。

③实训平台。

校内外实训基地提供了实施工学结合的具体场 所，实训实习是实现校园文化与行业文化、企业文化融合必须重视的环节。高职院校应积极创造条件，积极寻求与企业的合作。依托行业，选择一批可与专业对口、企业规模较大、技术先进、生产管理规范的企业作为学校的校外实训基地。加大力度进行校内外生产性实训基地建设，借助企业先进的生产设 备和技术优势等来满足学生掌握技能的需要。使学生亲身参与企业的实践，贴近生产一线，熟悉企业的工作流程，真正学到新知识、新工艺、新技术、新方法。与企业共建校内外实训基地，企业适当提供部分生产设备，让学生切身接触最新的生产工艺和流程，开阔他们的专业视野，同时能提高动手能力。另外还要注意培养学生的服务意识、团队意识、诚信意识、协作精神和敬业精神。这些看起来简单的合作平台，其实是市场经济的发展对校园文化建设提出的要求，更重要的是能够有效拉近企业与学校的距离，激发学生对自身前景的关注，职业发展产生良好的愿景，对未来做好生涯规划。

④订单平台。

职业院校利用与企业开展的订单合作，进一步加大校园企业文化的建设力度，完善校园企业文化教育的方法，使学生毕业以后能尽快适应企业的文化。可以说，订单培养使学生在校期间就直接接受了比较完整意义上的企业文化教育，通过对部分订单班的学生有针对性地开展企业文化教育，逐渐使所有的学生都能接受比较充分的校园企业文化教育。

高职院校企业文化教育，不仅具有鲜明的时代性和职业性，还应随着特定行业文化和企业文化的发展及时更新内容，将企业文化教育与高等职业教育的人才培养目标相融合，高职院校校园文化充分吸纳企业文化的优质因子，在校园中营造浓厚的企业文化氛围，丰富和发展着高职院校校园文化内涵，既有利于高职院校人才培养质量的提高，又有利于企业品牌和校企和谐环境的催生和成长，有利于高职院校教学治理结构的完善。

## 三、教学治理视角下的校本教材开发

高职院校校本教材开发是满足高职适应社会经济发展变化，及时更新教学内容，联系社会实际的需要，也是高职院校更好地形成学校特色，深化课程改革的需要。教学治理视角下，高职院校校本教材开发还存在着诸多问题，如校本教材开发的人员积极性不高，认为编写校本教材难度太大；校本教材开发使用得最多的方法是“网上搜索资料”，方法创新程度不够；开发之前的论证工作存在一定的随意性，校本教材开发的程序不够严谨；内容的选择不够实用等。为更好地培养与社会经济生产相适应的技术技能型人才，更好地培育高等职业教育特色，高职院校校本教材开发应得到充分的重视。

### （一）完善校本教材开发的管理制度

高职院校应完善相应的各项管理制度，通过制度来组织校本教材开发，如校本教材人员管理制度，建立校本教材开发人员数据库；校本教材开过程管理制度，规范校本教材开发的申请、立项、实施、结项等工作；校本教材开发资金管理制度，监督校本教材开发资金的合理分配，专款专用，发挥实效，有效避免开发过程中资金的损耗；校本教材质量评价制度，建立质量评审机构，加强对校本教材质量的评价审定，从而提高校本教材的适用性和声誉，并有效发挥辐射效应，推动广大教师积极参与校本教材开发工作。当前，还要进行及时更新，并做出相应的修改。

### （二）保障校本教材开发的经费和资源

校本教材要立足于高职院校自身实际情况，同时需要贴近高等职业教育与企业行业发展结合紧密的特点。因此，在开发校本教材的时候，高职院校要积极利用各种资源，将校本教材开发融入校企合作中去，融于国家高等职业教育发展的项目研究中，从而拓宽经费来源，保障校本教材开发的基础条件创设。

首先，高职院校应建立校本教材开发的经费预算机制，设立专项资金支持该项工作，同时通过努力增加校本教材市场占有份额的方式来实现校本教材开发的良性循环。其次，积极向企业、行业寻求支持。一般来说，企业的教育投资有两种形式：员工培训，通过提高劳动者的素质来提高生产效率，以促进企业的发展；投资办职业教育。校本教材灵活性、实用性强，不仅是高职院校的教学材料，还可以作为企业行业员工的培训材料。因此，高职院校可以与合作企业建立联合开发机制，寻求企业的经费支持，更为重要的是寻求企业的人力资源和物质支持，如企业的研发人员、资料、材料、工具、设施、设备等，这可以弥补高职院校开发人员的知识缺陷和不足，缓解开发人员的工作压力。同时，从教材内容上来说，可以把企业、行业最先进的技术、信息纳入校本教材之中，可以实现理论与实践的有机结合，提高企业的人力资源素质。

### （三）加强校本教材开发培训

校本教材开发最大的难点在于开发者的能力与水平。开发者应该具备一定的课程理论与教材开发理论知识，并对当前职业教育发展趋势有比较全面的掌握，能够把经验性的知识与技能提炼出来，并以相应的知识逻辑与教材逻辑加以安排。

因此，高职院校应注重组织校本教材开发培训，应该构建制度化的培训体系，而不是单次地服务于某种教材开发需要的培训。培训的主要目的是要让参与校本教材开发的人员能够清楚地了解校本教材的定位，预期的使用对象、使用范围、使用期限等。可以聘请职业教育科研机构、综合性大学从事课程与教材开发的专家和企业从事技术研发的技术员担任培训专家。参与培训的人员应包括高职院校负责教学的各层次领导、学科专家、青年教师等。由于教材开发涉及的不仅仅是学科知识这一个方面，还包括课程与教材理论、逻辑学、写作学、美学、设计学等等相邻学科，因此，培训内容主要包括教材开发的专业性知识和技能，如开发的原则、方法、程序、管理、评价，还有教材开发的其他能力和素质，如语言表达能力，安排逻辑结构能力，教材版式、颜色、图表等方面的设计能力。

### （四）构建校本教材开发的评价体系

评价既是一种鉴定，又是一种引导力量。高职院校对于校本教材开发，必须着力通过评价来提高质量，管理教材开发。首先，评价人员应注重多元化，包括学校的领导、教师和学生，教育行政部门有关教材研究方面的专家，企业、行业实践方面的专家。教师与学生是教材的受众，对于教材具有最直接的感受，必须直接参与教材评价工作。从师生反映来判断校本教材的适用性与延续性，校内外教材开发专家才能够运用其深厚的专业知识，敏锐的观察，全面的审视校本教材的质量。企业、行业实践方面的专家能够根据企业、行业最新专业发展的动态，所使用的设备、设施发展情况，先进技术，专业知识、技能、技巧等作为标准判断校本教材的实用性，从而提出评价结论。其次，开发校本教材评价的指标体系。多个层级的指标、指标的不同权重、将指标进行量化后的数值以及这些指标之间的关系等方面就构成了一个完整的指标体系。评价指标可以包括教材目标、内容、设计、教材表达、适用性等几个大的方面。评价标准需要结合社会经济发展状况，具体教材要实现的目标来拟定。第三，多种评价方式的有机结合。从评价数据来源来说，要注重定量分析与定性分析。从评价信息来源来说，要以教师和学生为重点，以其他主体的评价为补充，以第三方评价为参考。

### （五）采取有效的激励办法

校本教材开发不是高职院校教师的主要职责，要引导教师参与此工作，必须采取有效的激励措施，从而推动教师投入其中。显然，激励办法包括物质和精神方面的激励。高职院校应设立专门的激励基金，将校本教材开发工作直接与职业学校教师待遇相挂钩，作为教师绩效考核的一项重要指标，考察教师参与开发的次数，教材的数量、级别，教材的重要程度，教材的评价等级，教材受欢迎的程度，教材的专业性等等。对贡献较为突出、表现较为积极的人员可以进行口头和书面的嘉奖。同时，通过报纸、杂志、网站进行专门的人物事迹报道。

## 四、教学治理视角下的职业指导课程改革

高等职业教育主要是培养面向社会的复合型多适应性的人才，在教学时也需要考虑到学生毕业以后的就业问题。高等职业教育以就业为导向，对教学模式进行创新，实施“1+X”证书制度，式教育，并为毕业生就业提供相应的就业支持系统，提高高等职业教育毕业生就业率与实际工作能力。

高职院校对学生进行职业指导有一定的现实意义，正因为如此不少学校都

开设了专门的职业指导课程，初步构建了职业指导课程体系，但是也还存在不少问题，因而我们需要进一步优化高职院校的职业指导课程体系。

### （一）高职院校开展职业指导的必要性

1. 学生顺利就业的可靠保障

2010年应届毕业生规模是21世纪初的6倍，2011年高校毕业生人数为660万人，“十二五”时期应届毕业生年平均规模达到700万人，“十二五”时期应届毕业生平均规模达到800万人，高校毕业生面临着巨大的就业压力。2010年，人社部和教育部组织开展了高校毕业生就业工作大调研，根据调研的结果，从学历上来看，研究生初次就业率最高，本科初次就业率略低，高职高专初次就业率最低。从这一结果来看，高职学生在就业市场上的竞争力还是稍逊于普通高校的毕业生。从知识结构来看，高职学生的实践知识要强于科学文化知识，对于那些招收一线操作工人的企业来说，高职学生是最好的选择，然而，由于社会上仍然存在着鄙薄职业教育的观念，很多用人单位还是倾向于选择综合能力较强的本科生。某企业人力资源部的一位招聘人员透露：“在酬劳相同的情况下，我们肯定会优先选择能力差不多的本科生，高职学生的实践能力可能要稍微强一点，但是本科生的综合素质要高一些，更有发展的前途。”面对这种实际情况，我们应该着手提高高职学生综合的职业能力，对学生进行全方位的职业指导，比如职业态度、职业道德、职业信念、职业价值观等方面的教育，同时也让学生对自己有个更清楚的了解，做好自己的职业生涯规划，掌握一定的求职技巧，提高自身的就业竞争力，因此，为了保证高职学生顺利就业，学校有必要开展职业指导工作。

2. 高职院校发展的必要选择

事实上，学校就像是一个产品加工基地，而学生就是等待加工的产品，要使这个生产链延续下去，就要保证“进货”和“出货”都畅通，当然，学校的“进货”就是招生，“出货”就是就业。高职院校要想获得长足的发展，就必须在生源上要有保证，目前，我国高职院校的规模达到1100多所，很多高职院校都面临着“招生难”的局面。一般而言，越是发展的较好的学校越是受到学生的青睐，学生和家长在填报志愿时，往往也比较倾向于选择就业率高的学校。学生能否顺利实现就业和职业发展，是衡量高职院校教育教学质量的重要指标之一。毕业生职业知识扎实，职业能力较强，又具备了求职技巧、健康的心理品质、高尚的职业道德，就会受到社会的欢迎，同时会有新的学生前来求学，这样便形成了一种“出得去、用得好、招得进”的良性循环。对于那些就业情况不好的高职院校来说，他们的社会声誉就会下降，学校的形象也会遭到损害，一方面难以吸引学生，一方面也难以吸引用人单位，如此一来，便会形成“招不进，出不去”的尴尬局面，学校也难以实现持续的良性发展。因此，高职院校要将就业作为一项长期的任务来抓，高度重视学校的职业指导工作，确实提高学生的职业能力，保证学校的就业率，提高自身的竞争力、吸引力和发展力。

3. 职业教育发展的重要任务

《职业教育法》第四条规定：职业教育必须贯彻国家教育方针，应当对受教育者实施思想政治教育和职业道德教育，传授职业知识，培养职业技能，进行职业指导，全面提高受教育者的素质。事实上，职业指导也属于职业教育的范畴，它最终的目的是要通过一些教育活动使人们能够更好地选择职业以及适应职业。向受教育者传授职业知识，培养职业能力，进行职业指导，是职业教育与普通教育在教育内容上的主要区别，也是职业教育的一个特色，职业指导作为职业教育的一种形式或者组成部分，也是不容忽视的。我们要大力发展职业教育就要全面关注各个组成部分的发展，职业指导不仅是职业学校的主要任务，也是职业教育发展的主要任务，甚至也是促进职业教育良性发展的推动力，一个学校的职业指导工作开展的好，能够保证学生顺利就业，这也说明职业教育的培养目标得到了实现，也彰显了职业教育的活力。

## （二）高职院校职业指导课程体系中存在的问题

高职院校开展职业指导是有必要的，为了更好地开展职业指导工作，很多高职院校初步构建了职业指导课程体系，职业指导工作已经被纳入常规工作计划，在一定程度上，取得了一些可喜的成绩，当然职业指导课程体系也还存在一些不足，主要表现在以下几个方面。

1. 学校和学生重视程度不高，课程理念落后

虽然很多高职院校认识到了职业指导的重要性，也相继开设了专门的职业指导课程，但是职业指导课程在教学计划中的地位比较尴尬，有些学校是将其作为选修课，供学生自由选择，有些学校是作为必修课将其纳入学校的教学计

划，却没有真正落到实处。有些学校领导认为职业指导内容简单，只要在学生就业之前，让学生了解就业的相关问题与技巧就可以，根本没有必要花太多时间去专门安排这门课程。

长期以来，职业教育被认为是“二流”教育，大多数学生是迫于无奈才最终选择了职业学校，大部分学生对自己的专业前景不是很清楚，也不知道自己适合什么样的职业，对学校有着一种依赖心理，认为只要自己进来了，学校就会想办法把自己送出去，因此，学习的积极性不高，相对而言，都是比较重视专业课程的学习，对于一些公共基础课是能逃则逃，很多学生认为职业指导课程对他们的就业没有多大的用处，很少有学生认真对待。大一、大二的学生多认为职业指导是毕业找工作才能用得上的，之前没有必要花太多时间去了解。总之，高职院校以及学生对职业指导课程的重视程度不够和缺乏对它的正确认识，都是高职院校职业指导课程体系创新的障碍。

2. 课程内容安排不合理，缺乏系统性

目前，关于大学生职业指导方面的教材不计其数，涵盖的范围也很广泛，内容丰富，高职院校一般都会有专门的职业指导教材，然而由于职业指导课程的课时安排得较少，教师们一般都是随意安排课程内容，没有形成一个完整的系统，发挥不了职业指导课程应有的作用。一般说来，高职院校职业指导课程内容主要侧重于技巧类的求职技能课程与政策类的职业常识课程，比如就业形势的分析、面试技巧的培养、简历的制作、就业政策的讲解等等，这些内容偏向于就业指导，而忽视了职业规划、职业素质等方面的内容。职业规划是职业指导的一个重要内容，能够帮助学生对自己有一个清晰的认识，有利于学生的后续发展。但是现实中，职业规划在高职的职业指导中并没有得到应有的重视，一方面他们认为职业规划应是学生步入工作岗位以后才需要考虑的问题，现在的主要任务是帮助学生择业以及就业，至于以后的发展，主要是靠学生自己；另一方面，职业规划指导要求较高，持续的时间较长，短时间内难以将这一内容讲解清楚，所以索性删掉了这一部分的内容。同时，职业指导课程内容的针对性也不强，虽然开设的有专门的职业指导课程，职业指导老师多是按照教材将相关内容传授给学生，教材上的内容只是一种理论上的总结，不能及时反映社会的变化，没有将职业指导与社会、企业的需求联系起来，只是被当成一种传统的学科式的课程，在短时间内，学生能够掌握大量的职业指导方面的知识，但并未转化成一种职业能力，没有摆脱应试教育的影子，学生所学的这些知识难以满足就业过程中的实际需要，也不利于学生的职业发展。

3. 课程实施途径单一，缺乏多样性

一般而言，课程实施是指把新的课程计划付诸实践的过程，它是达到预期课程目标的基本途径。目前，大多数高职院校开设的职业指导课程中，因为理论方面的内容占有较大比重，所以教师多采用课堂教学来实施课程计划，事实上，课堂教学作为课程实施的基本途径，是一种简单易行，又比较有效的形式，但是在实际的教学过程中，教师们采用的一般是传统的“填鸭式”课堂讲授方式，使得教学具有单向性，从而很难调动学生的积极性和主动性，并且将对学生的职业生涯规划、职业素质的培养、专业兴趣的提高等方面停留在纸上谈兵的阶段，长此以往，职业指导课程将流于形式。甚至有很多学校只是将职业指导课程作为一种意义上的计划，并未真正实施，为了节省人力、物力、时间，多采用大班集中进行课堂讲授，在短时间内突击，并不是严格按照课程计划来实施的。

4. 职业指导师资水平不高，结构需要调整

职业指导课程的有效实施，离不开专业的职业指导师资队伍，高职院校职业指导师资队伍的整体素质对于推动整个高职院校学生的就业工作起着至关重要的作用。一般来讲，高职院校的职业指导工作多由职业指导中心或就业处负责，职业指导课程多由职业指导中心的行政人员、各院系的学生辅导员等担任，职业指导教师专业化严重滞后，专门从事职业指导课程教学的教师人数微乎其微。职业指导课程作为一门综合应用型课程，对师资水平要求很高，教师不仅要了解学生和就业市场，同时又需要掌握社会学、心理学、管理学、教育学、经济学、法学、公共关系学等多学科知识，因此，高职院校中的职业指导课程教师自身都无法把握职业指导的真正含义。他们对学生的职业指导只能局限于别人的经验或者临阵磨枪勉强应付，影响了学生对学科的兴趣和接受效果，导致职业指导教学工作空洞说教的现象十分严重，降低了职业指导的可信度。相对于学校其他部门来讲，职业指导中心成立得较晚，组成人员多是年轻的老师或是新进的人员，他们往往缺乏一种全局意识，难以协调职业指导中心与其他部门的关系，使得职业指导工作的开展受到牵绊，影响工作效率。

### (三)教学治理视角下的职业指导课程体系的策略构建

教学治理体系的完善并不是一蹴而就，我们需要在实际工作过程中，针对现存的问题，提出有效的解决办法，高职院校职业指导课程体系优化亦是如此，对此，我们可以采用以下策略：

1. 提高认识，树立新的课程理念

职业指导不仅仅是为了帮助学生顺利就业，也是高职院校发展的必然选择，目前，高职院校已经意识到职业指导的重要性，然而，很多学校还是无法走出发展误区，单纯地认为高等职业教育的质量主要就是指教学方面的质量，职业指导只能作为促进就业的一种手段，事实上，在评价高等职业教育质量时，职业指导也是评价的主要内容，职业指导是否成功，关系到学生的职业能力的高低，而学生的质量就在一定程度上体现了高等职业教育的质量。面对严峻的就业形势，高职院校要将职业指导提升到战略地位的高度，全方位地开展职业指导，努力构建并完善职业指导课程体系。高职院校必须保证职业指导工作“五有”：有校级领导分管；有专门的职业指导机构负责；有专职的职业指导人员实施；有专门的职业指导课教师任教；有专项的经费投入。

加强职业指导的重视程度，完善职业指导课程体系，除了要保证职业指导的重要地位以外，还要树立正确的新的课程理念。首先，职业指导的根本目的还是要促进学生的发展，职业指导课程要关注学生作为“整体人”的发展，不能只看到眼前的进步，要关注学生的后续发展，遵循终身教育的理念；其次，高职院校在构建职业指导课程的时候必须树立与时俱进的理念，换句话说就是要求职业指导课程具有较强的时效性和针对性，课程内容要能反映社会经济的发展；再次，职业指导课程要渗透于高职院校学生发展的每一个阶段，要考虑学生不同时期的特点，重视他们的主体性，在不同的发展阶段选择不同的职业指导课程内容。

2. 立足现实，努力丰富课程内容

高职院校职业指导课程的内容包括很多方面，主要有职业及职业指导的基本理论、职业生涯的发展与规划、创业教育、职业意识与职业素质培养、就业指导、职业兴趣与职业心理等方面的内容，事实上，这些内容不是一成不变的，我们可以将职业指导的课程内容分成几大模块，分模块具体安排课程内容。社会不断进步，职业也在不断发展，市场上的人才供求也是瞬息万变，为了适应社会发展，高职院校的职业指导课程内容也要不断更新，紧扣市场需求。一方面，根据高职院校各年级学生身心特点及具体的情况，有侧重地安排课程内容，在给一年级学生安排职业指导课程内容时，重点应放在“对职业世界的熟悉”“对自身个性的全面认识”“对未来发展的设计”等方面上，使学生对自己有一个清晰的认识，端正学习态度，明确努力的方向，树立科学合理的职业观和职业理想。针对二年级学生的职业指导课程内容主要是创业教育和职业生涯发展与规划等内容，并要让学生体验真实的职业环境，或者积累职业实践经验。三年级的学生因为即将面临就业找工作，所以主要是对他们进行就业指导，以实现顺利就业为目标，主要内容是求职技巧的训练、简历的制作，就业过程中心理的调试等等，使学生根据自身实际找准自己的位置。另一方面，高职院校要密切关注社会就业动态，指派专人开展社会调查，做好高职院校毕业生的择业与就业的统计和分析工作，为更具针对性的职业指导课程内容的开设提供依据，还要关注新兴职业的发展情况以及就业方面的政策法规，及时让学生了解现实的职业发展状况以及政策环境。

3. 创设环境，拓展课程实施形式

职业指导应该是一项长期性的工作，并不是单靠几节职业指导课或者几次讲座就能实现职业指导的目的，而职业指导的最终目的是要提高学生的职业素质，使其能够顺利进行职业选择，胜任自己所选的职业，并能够获得职业发展。为了进一步提高职业指导的实效，高职院校要从学校发展的实际出发，创设有利的环境，拓展课程实施形式。首先，课堂教学仍然是职业指导课程实施的最主要的形式，但是我们在实施过程中，要以学生的职业发展为目标，摒弃传统的“满堂灌”的教学方式，根据课程的实际内容巧妙地进行教学设计，适当采用案例分析、角色扮演、情景模拟等方式来安排教学内容，确实培养学生的职业意识、职业素质、职业态度等，努力将学生培养成“准职业人”。其次，要在学生平常的学习或生活中渗透职业指导的内容，促使学生形成良好的职业意识，树立正确的职业价值观，对自己有一个清晰的认识，关于这方面，学校可以采用班会、课外活动、学生会或者学生团体组织的活动等形式将职业指导的内容穿插进去。再次，学校的教学设施、建筑等校园物质环境、学校的校规班规等制度文化环境以及学校的校风、学风、班风、师生关系等精神文化环境对学生思想品德的形成、职业素养的培养都有一定的影响，因此，我们要将培养学生从事未来职业所需的道德品质、文化素养、职业素质融入校园人文环境建设中，创建良好的校园文化氛围，也是提升学生职业道德以及素养的重要途径。再次，加强校企合作，将企业的职业指导和学校的职业指导结合起来，充分利用校内校外两种资源，借鉴企业的职业指导方法和技术，实现以就业为导向的职业指导，实现学生与就业市场的零距离接触，培养符合就业市场需求的高技能人才。高职院校的职业指导要服务于培养高级技能应用型人才，就必须立足高职特色，创新职业指导思路，走校企合作的职业指导之路。

4. 注重实效，建设职业指导师资

职业指导工作的成效如何，在很大程度上取决于职业指导人员的素质。一名合格的职业指导员，必须具备扎实的专业知识和较强的专业能力。一般说来，专业的职业指导老师要了解职业指导的相关理论，掌握职业指导的基本方法和技术，熟悉劳动有关的法律法规，要有较强的人际交往能力，处理紧急事务的应变能力以及科学研究的能力，同时还有具备灵敏的市场感应度，要能够很好地把握市场上的就业形势，并作出相关预测和分析。为了有效地实现职业指导课程目标，将课程计划付诸实践，高职院校应采取有力措施，加强职业指导队伍的建设。首先，要按照学校的发展实际配备一定数量的专业职业指导人员，保持职业指导人员结构的合理化，明确每个职业指导人员的职责，实现职业指导课程教师的专业化，并定期对职业指导人员的工作进行考评；其次，要拓宽专业职业指导人员的来源，可以从学校其他部门抽调有职业指导专业背景的老师，聘请企业的职业指导人员担任兼职的职业指导教师，从社会上广泛招聘高素质的职业指导人员；最后，加强现有师资的培训，鼓励和要求他们通过自我教育或者学校的系统培训来获取国家职业指导员(师)资格证书。

## 五、教学治理视角下的顶岗实习

作为高等职业教育实践教学中的重要环节，顶岗实习对于高职生的知识、能力、素质的培养发挥着重要作用。高职学生在实际的工作岗位上 以“准员工”的身份进行生产实践，锻炼了技能，了解了工作流程，积累了工作经验，实现了从学校到企业的角色转换。作为一种培养模式，如何科学、合理、公正的评价学生在顶岗实习中的表现显得更为关键，关系到学生对待顶岗实习的态度和未来的职业走向，企业参与定岗实习的信心与积极性以及高职院校岗实习管理的质量。因此，加强对高职学生顶岗实习评价的探讨对于教学治理是很有必要的。

### （一）高职学生顶岗实习评价存在的问题

1. 高职院校评价实施形式化

顶岗实习的评价能够检查实习的情况，及时发现问题，找出差距，明确方向，促进发展，是实习的有机组成部分。当前，各个学校都在实施对高职生顶岗实习的评价，但是，由于存在企业与学校的交互管理问题，很多学校往往依赖企业对学生的管理，由于实习企业多、学生分散、实习任务繁重、师资有限等实际情况，使得顶岗实习中对学生指导不够、监管不力，进而导致“放羊”的现象依然存在。高职院校缺乏全面细致的评价过程，仅靠学生最后上交的实习鉴定表上的企业公章来判断实习效果。这种评价考核方式过于简单，多数属于定性评价，借助于一些简单的评语来表达评价结 论，同时大多评语都无实质作用，且比较空泛，没有个性差别，如“遵守纪律，表现突出” 等，无法反映学生实习的实际效果。

2. 高职院校反馈与奖惩制度不完善

目前，高职院校在学生完成顶岗实习后，并没有认真总结经验教训，查看学生的实习日志，考评缺乏及时反馈，学生也未能从学校评价中获得有效的信息。评价伴随着合理和科学的奖惩制度则更有利于发挥考核规范和激励作用，然而当前高职顶岗实习更偏重于完成这一工作，大多学校对学生的实习评定都是一路绿灯，奖惩体系执行不严格，未能形成积极的顶岗实习制度体系。

3. 企业评价忽视学生身心特点

企业和高职院校建立合作，接收顶岗实习学生，但由于企业的评价制度与学校存在差别，在管理上更为严格，只要犯错，结果必定是挨骂，甚至扣工资，这有利于有承受能力的新人快速成长，但工作氛围紧张，给初入职场，没有一定抗压能力的实习生带来巨大的挫折感，不利于其自我评价，自我成长。一些企业未能按照高职生的身心特点实施评价，没有找到有别于正式员工的管理办法，完全按照员工的标准要求学生完成相应的工作任务，大多学生反映实习太累、管理太严。

### （二）高职学生顶岗实习评价问题的归因

1. 各评价主体对顶岗实习认识上存在认识误区

顶岗实习是高职教学的组成部分，因此其目的也是培养人才，对于学校来说是要借助企业生产的真实环境、企业管理的规范环境、企业文化的人文环境、人际交往的社会环境，使学生获得锻炼，提高综合素质尤其是职业素质。高职院校没有清楚认识顶岗实习的教学本质，一味地为就业而实习。部分学校更将顶岗实习完全等同于就业，有的甚至通过顶岗实习来盈利，有的一些学校认为顶岗实习是节约学生培养成本的好途径。在这种思想认识下，高职院校缺乏对实习的管理意识，缺乏对实习发展方向的思考，简单地将管理和培养的责任推给企业，以至于顶岗实习陷入“放羊”管理状态或是不当管理状态，评价就流于形式，走向虚无。

对于企业来说，参与高职院校顶岗实习能够获得自身需要的人力资源，但是，在实际运行过程中，企业的用人机制功利化，重使用、轻培养，重生产轻育人，重开始轻结尾，没有明确和针对性的实习计划，没有建立长效的育人机制，对于高职生实习评价没有开发出符合学生身心特点的评价指标体系。

高职学生自主意识缺乏与评价能力偏低。顶岗实习就是走出校园这个保护性比较强的地方，走入真实的工作情境，在这种转换过程中，企业严格的管理制度，复杂的人际关系对高职生来说是一个巨大的挑战，需要其培养自身的自主意识，主动改变角色，展开自我评价，从而获得外部积极肯定的评价。显然，高职生在这个方面并没有做好充分的准备。

2. 评价制度缺乏

没有规矩，不成方圆。没有制度，自然就失去了约束。顶岗实习涉及高职院校、企业和高职生三方主体。对于高职生顶岗实习的评价，需要用制度来规范，来约束。

从国家层面来说，虽然鼓励高职生顶岗实习，但是关于顶岗实习管理体制、实习责任主体、实习过程管理、实习结果评价等方面还欠缺具体的操作细则。高职院校与企业建立合作关系实施顶岗实习，往往是通过协议书来约束各自的权利与责任，由于学校往往处于较为被动的地位，对于实习过程监管力度比较大，很难全面了解实习生的情况，所以在评价实习生顶岗实习上的制度建设积极性不强。企业自身具有追求利益的属性，对于教育规律了解甚少，其对顶岗实习的学生实施的评价制度具有明显的强制色彩，评价效果自然不理想。

### (三)优化高职生顶岗实习评价的策略

1. 实现评价主体多元化

在顶岗实习评价体系中，多方参与评价工作是确保评价质量的重要方式。毫无疑问，企业是顶岗实习一个重要的管理主体，必须要肩负起管理任务。企业要转变观念，不能仅将培养实习生作为一项任务和企业的负担，而应该将实习生看成企业人力资源规划中的一部分，要对实习学生进行相关职前培训，包括企业相关规章制度、奖惩制度、岗位知识、安全等，来增强学生的归属感。校企双方要相互配合，主动适应对方需求，共同参与评价。可由企业负责人和高职院校校长组成实习领导小组，由辅导员、实习指导老师、企业技术骨干组成考核小组，共同对实习学生进行考核。企业应主动向学校反馈，及时公正地评价学生实习效果，形成校企双方双重管理体系，实现育人功能。

对于学生管理的最高境界就是自主管理，自我约束，自我教育，自我学习，能够自己管理自己。因此，高职生要进行自我评定，通过实习日志、工作记录等工作来进行自我的反思，对实习效果及实习目标的达成自我评价。

2. 采取多种方法严格实施评价

高职生顶岗实习评价首先需要建立完善的评价指标体系，并让各方评价主体都掌握评价内容，评价标准，从而发挥评价的导向作用。从评价内容来说，应做到全面、完整，主要包括专业技能的考评、学生一般素质的考评、实习操行评定。

其次，要注意定量与定性方法相结合。采用定量还是定性的评价方法主要看其评价指标是定性的还是量化的，高职生顶岗实习定量的部分包括实习总结、个人行为规范、操作技能、专业知识、奖 惩情况、实习中的工作量大小，量化要具体；定性的部分包括职业能力、实习态度、团队协作、职业道德等，定性要准确。

第三，严格评价实施过程，避免形式化的评价。在具体的生产实习过程中，可开展多样的技能竞赛或展示活动，在学生的创造过程中肯定其成绩，指出不足。实习结束，学生要对自己的最佳实习作品或产品加以技术解析，这个实习作品根据不同的专业可以采取 不同的形式，根据这个认定学生技能等次。回到学校，可由实习考 核小组组织学生进行答辩式考核，通过学生叙述，教师提问来评价顶岗实习收获。这种动态系列式评价比过去只看最后的鉴定表要更加科学、更加全面。

3. 明确评价结果用以合理奖惩

顶岗实习评价结果应真实反映高职生的情况，应具有差异性。可建立顶岗实习证书制度，该证书由学校和实习单位共同颁发，证书上包含学生的实习成绩、等级。顶岗实习证书与毕业证书、相关职业等级证书等一起使用，作为学生毕业后就业的重要资质证明。

评价结果要伴有奖惩，从而发挥激励功能。可以设立顶岗实习专项奖金，将学生的实习考核成绩评定出若干等级的奖项，每个等级设相应人数，并获得不同等级的奖励。尤其是对那些在实习中表现优异，获得企业认可的学生和优秀实习指导老师要着重奖励。顶岗实习是高职院校教学工作的一部分，不能够随意性太强，否则难以发挥真正的作用。因此，对于刻意逃避顶岗实习，或在实习中违反评价制度要求的行为，要进行一定的处罚，如延迟毕业，警告等。

## 六、教学治理视角下的课堂管理

课堂管理是教学治理中重要的一环，学生的身心发展大部分是在课堂这个环境条件中实现的，学生身心能否全面健康地发展，与课堂管理有着紧密的联系。特别是高职院校学生这个特殊群体，其身心发展正处于关键时期，因此相应的高职课堂管理就显得尤为重要。

### (一) 高职课堂管理的基本现状

1. 呼唤人本性的课堂环境

这里所指的环境主要是指物质性的课堂环境，其环境的管理主要包括讲台的设计、学生座位的编排、教室空间的利用和布置等，从这些方面来审视我国高职课堂，我们很快发现基本上都未能很好地做到“以学生发展为本”。我们现在教室里的讲台都明显高出地面很多，站在上面有一种“高高在上”的感觉，这种设计虽然有利于教师的教学活动，但也在无形中增强了学生的心理压力，拉开了教师和学生之间的心理距离，不利于师生之间的平等对话以及和谐师生关系的建立，因此对学生身心健康发展会造成一定的影响。

2. 以教师为中心的课堂教学管理

课堂教学的管理主要包括课堂容量管理、课堂难度管理、课堂程序管理和课堂时间管理。这些方面依然是以教师为中心，未能充分考虑高职学生的特点和需要。教师对课堂的容量进行管理，就必须从教学内容的定量管理入手，以保证课堂教学的低耗性和高实效。课堂难度，即课堂教学内容和训练方式的难易程度，对于大多数学生来说，教学内容和训练方法既不能过易，也不能太难，因为过易，难以提升学生们的学习热情和积极性，太难又易于导致学习热情和积极性的丧失。这两种情况在现实的高职课堂管理中都存在，许多高职院校教师在准备教案时只考虑了教材和教法，往往没有考虑到学生的发展水平，因此课堂教学难度不是偏难就是偏易，不利于学生的发展。课堂教学程序的管理主要包括课堂教学基本进程和课堂教学基本结构，如果没有良好的程序，教学就会无序或混乱，教学质量就难于保证和提高，这种课堂程序缺乏有效管理的情况占有相当大的比例。课堂时间管理是教师在充分认识到课堂教学时间的价值和规律的基础上，运用科学的原则、手段和方法，正确分配各类教学活动时间，优化各类教学活动时序，提高各类教学活动时间的密度，开发多类教学活动中的时机，从而赢得教学时间整体效益。从这个定义可以看出，对课堂时间的有效管理在于实现课堂时间管理的科学化。

3. 控制型课堂纪律

课堂纪律的管理是课堂管理的重要内容，曾一度被某些人视为课堂管理的代名词，在课堂管理的过程中，教师要把教学目标中提出的对学生的期待转变为 课堂活动的程序和常规，并将一部分程序和常规制定为课堂规则，以便指导学生的行为，促使学生积极主动地学习。课堂规则是描述和表达行为规范的静态形式，而对于这些课堂规则所进行的动态的执行和实施，则是课堂纪律。课堂纪律在现今的高职课堂管理中依然发挥着重要的作用，但是在课堂管理实践中其观念和做法依然停留在比较落后的阶段，反映出“以学生发展为本”观念的缺失。据心理学研究表明，在课堂管理中，奖励的矫治作用远远大于惩罚，教师通过鼓励理想行为去纠正克服不良行为的效果要比对不良行为实施过多过度的惩罚要好。鼓励有助于加强行为，增强行为发生的可能性，并逐渐巩固起来成为牢固的良好习惯，而惩罚只能减弱行为，缺乏积极的正面引导，容易造成学生的紧张、恐惧心理，对学生尤其是高职学生带来非常不利的影响。

4. 呼唤和谐的课堂气氛

课堂气氛是由教师的教风、学生的学风以及教室中的环境作用形成的一种心理状态。审视我国高职课堂气氛，还存在两种情况，影响了课堂气氛的和谐：一种是消极的课堂气氛，这种气氛以学生的紧张、心不在焉和反应迟钝为主要特征。在课堂学习中，学生情绪 压抑，注意力分散，上课极少主动发言；另一种是对抗的课堂气氛，这种课堂气氛以失控、混乱为主要特征。

### （二）高职课堂管理现状的评析

高职课堂管理现状与多种因素有着紧密的联系，也是未来高等职业教育教学质量提升必须注意的问题，从教师与学生这两个维度进行评析。

1. 传统观念和管理模式的一定影响

“师道尊严”“以教师为中心”的课堂教学和管理模式等传统教育观念和做法促使人们在心目中牢固地树立起了“教师权威，学生服从”的思想观念，以至于在课堂环境、课堂教学、课堂纪律等方面的管理都着眼于教师的“教”，而忽视了学生的基本需要。教师在课堂教学和管理中，过分或刻意地去设计和指导学生的活动和行为。这种束缚式的教育和管理模式，导致学生缺乏自信，缺少应有的自我教育和自我管理能力。

2. 对“以学生发展为本”的认识需要提高

“以学生发展为本”是一个包容量很大的概念体系，其本质是促进学生身心全面健康和谐的发展。因此我们来判断一些课堂管理的做法是不是符合“以学生发展为本”的新理念，只要看它能否有效地促进学生身心全面健康的发展。如果能，则说明它是“以学生发展为本”的课堂管理方法，反之则不是。可见我们评价和判断高职课堂管理的形式或方法是否是“以学生发展为本”，不是看它的形式是否新颖，而是看它的实际效能。传统课堂管理中的“课堂规则”“课堂纪律”等，虽然屡遭批判，那只是因为运用它们的方式和程度不当所致，从其实际效能来看，如果运用得当，它同样能够有效地促进学生身心全面健康的发展，因此它依然是"以学生发展为本"的课堂管理方法，在采 用交流、讨论、合作学习等新的教学组织形式时，课堂规则、民主纪律等传统有效的课堂管理方法绝对不能丢，只有把它们有效地结合起来，才能更好地促进学生身心全面健康的发展。

3."以学生发展为本"管理策略有待优化

在高职课堂管理中，人们往往依赖于课堂纪律进行管理，其实这种观念是错误的，依靠课堂纪律管理形成的课堂管理气氛大多是一种"假和谐"的气氛。英国学者戴维哈格里夫在《人际关系与教育》中提出了假和谐的概念："即表面上秩序平静，实质上未能有效开展教学，形成一种磋商的局面，即师生运用各自的策略进行不断的斗争和妥协。"其实，有效的教学是防止课堂问题行为发生的第一道防线，好的纪律来自好的教学。因此，改善课堂纪律，预防课堂问题行为，必须改善我们的教学，增强课堂教学的吸引力。

近年来，随着课堂管理研究和实践的发展，人们越来越认识到真正有效的课堂管理是学生自我的内在管理，只有使教师的课堂要求内化为学生自己的自觉行为，才能达到最优的课堂管理效果。

## （三）"以学生为本"高职课堂管理策略构建

1. 坚持课堂管理目标原则

新课程坚持以学生发展为本的基本原则，强调要根据学生的认知能力和心理特点来确定教学目标。新课程的这种变革对传统课堂管理形成巨大的冲击，要求课堂管理以学生发展为核心，根据学生的身心特点，来确定课堂管理目标，从而促进课堂的生长。正确的目标本身具有管理功能，直接影响和制约师生的课堂 活动，并起积极的导向作用。作为课堂管理者的教师，课堂上所实施的一切管理措施，包括组织、协调、激励、评价等，都应当努力服务于设定的教学目标；课堂管理的成败得失，也应当以课程标准是否实现，教学目标有无达成和学生是否成长作为衡量依据。

2. 关注和满足学生的需要

（1）创建"以学生发展为本"的课堂环境

课堂环境中的各种因素都可能对学生的学习动机、学习方式、社会性行为、人格、态度和价值观等产生潜移默化的影响。有效的课堂环境是保证课堂活动顺利进行的前提条件，其意义不仅限于课堂中的秩序，它还是富于激励和充满生机的学习资源，是使学生通向和谐发展的绿色通道。创建“以学生发展为本”的课堂环境，首先是要认真规划好课堂的物质环境，主要包括教室内的课桌椅的摆设、教室内的光线、空气、温度、湿度、教室内外的噪音以及教室四周墙壁的装饰等。良好的、优美的课堂环境会使学生产生愉悦的感觉和积极的学习情绪，激励学生向上。

(2)建立民主平等的师生关系

学生在课堂教学中处于被管理者的地位，但教和学是师生双边共同的活动，教学目标的实现程度应取决于师生双方面的协同配合。创设充分民主的课堂氛围要求教师在师生关系处理上要体现人文精神。课堂活动是一个复杂的人际关系系统，现代心理学认为，教与学是通过人际交往来实现的。课堂上，师生间无时无刻不在进行着微妙的情感交流。在与学生的实际交往中，教师要尊重学生的人格，重建课堂中新型的师生关系，以人为本，尊重学生的多元理解和独特感受，以平等的人格与学生交流，鼓励学生敢想、敢做，追求卓越，营造宽松的、和谐的、富于人文气息的课堂氛围。有效的教学取决于和谐的人际关系以及有效的人际交往。如果从课堂管理中抽掉了人际关系，就没有了人文精神，从这个意义上说，人际交往是影响课堂教学质量最重要的动力因素。因此，教师要提高自己的人际沟通技能和技巧，改善自己人际交往的行为和态度。

(3)不断改进和完善教学

美国著名的课堂纪律专家库宁认为，维持纪律的最佳方式是吸引学生积极参与课堂活动。创建良好的课堂秩序和纪律，既需要合理的课堂管理观念的指导和纪律制度的规范，更需要课堂教学的完善和改进。从这里我们可以看到，没有纯粹的课堂管理，任何课堂管理都是在一定的教学过程中进行的，优秀课堂教师之所以优秀，就在于他们把课堂管理不留任何痕迹地融入教学设计中。

3. 强化学生的自我管理

新的课程观认为，课程在课堂中生存，学生是重要的课程资源，课堂管理的过程要充分挖掘学生身上的课程资源进行教育。学生也是管理者，所谓自主管理就是指在课堂教育中，根据课堂环境提供的多元信息，加以重组，有选择、有鉴别地自主地获取知识、技能，积极主动地构建知识体系和思想道德体系以及价值规范体系。在这一过程中，受教育者是教育的主体，教师只是起组织者、指导者、监督者和评价者的作用，因此，教师必须树立学生自我管理的思想观念，加强学生的自我管理能力，充分发挥学生的民主管理，体现学生的主体作用。同时，要发展学生的自我管理能力，使其克服依赖性，培养独立性。这种新的课堂管理理念下的管理，不要求统一性，也不全是强制式、封闭式的，而是协商式、开放式的，也是个性化的。

4. 形成健康的课堂纪律

有效的高职课堂管理，除了要培养学生的自我管 理意识和管理能力以外，还应该建立起健康、有序的课堂纪律。健康型纪律实施模式则力图在强制和尊重之间找到恰当的平衡。这种课堂纪律不同于以往的纪律，在健康型课堂纪律模式下，教师不是指挥家，而是在解决问题的过程中指导学生的行为，告诉学生行为的限度和可以被接受的选择，让学生学会对自己的行为或活动负责。在学期开始之时，教师就应该与学生共同讨论，了解学生的状况和学习方式，征求学生对课堂规则的意见，与学生共同分享教师的需要与要求，这样的课堂纪律才能得到学生更多的拥护和支持，也有利于使学生养成良好的课堂行为。作为"以学生发展为本"理念下的课堂纪律，我们还应该正确、合理地处理课堂纪律问题：其一，要学会运用非言语手段，非言 语手段主要包括目光、手势、身体靠近或触摸等。其二，在课堂纪律管理中，难免要处理许多课堂问题行为，这就需要合理运用表扬和惩罚。教师要想减少学生的不良行为，可以从表扬他们所做出的与不良行为相反的行为入手。

课堂作为教育教学的"前沿阵地"，理应受到重视，而课堂管理是保证教学质量的关键。"以学生为本"的课堂管理为高职生的身心良好发展提供了有力的保障，奠定了高职生成才的坚实基础。

# 第五章

# 高职院校科研治理的改革探索

我国高等职业教育从规模还是数量上都得到了跨越式的发展，在应用型人才培养上获得了一定的社会认同感。作为高等教育的构成部分，高职院校具有教学、科研和服务社会三大基本职能。教学与科研的有机结合，是现代大学治理结构不断完善的体现。“科研兴校”是高职院校品牌建设的重要内容。然而，我国高等职业教育快速发展时间并不长，高职院校科研基础相对薄弱，科研对于高职院校人才培养、专业建设的促进作用还未能充分体现。高职院校要想在激烈的竞争环境下生存和发展，就必须不断加强自身的实力，立足于高等职业教育市场需求，塑造高职院校品牌形象。这是现代高职院校发展的必然趋势。

当前，高职院校教师也在积极投入科研活动之中，这是一个好的趋势。然而，在表面繁华的背后，高职院校教师也经历着从事科研活动的种种无奈，如职称式、被动式科研现象比较突出，从事科研的支持力度小等。

## 一、高职院校教师科研现状分析

科研能力是高职院校教师成长的重要条件。高职院校科研工作的有序开展，其实质就是确保高职院校教师在与其他科研因素良性互动的基础上发挥出其专业攻坚能力。高职院校教师科研是由高职院校内的人、活动、管理制度和物质条件等所构成的一种环境，涉及要素较多，主要包括科研支持体系、科研能力体系以及由上述二者综合形成作用的科研文化氛围。

### (一)高职院校教师科研的影响因素

1. 高职院校科研氛围

高职院校的科研氛围是通过高职院校各类科研制度和科研活动成果积淀形成的科研态度、科研热情的集中反映，包括制度氛围和观念氛围，是高职院校科研整体环境状况的反映，既有学校层面对于科研的重视状态，也有教师个人的科研自觉性和科研意识。浓厚的科研氛围有利于高职院校科研向纵深发展，是促成高职院校科研的群众化的思想保证，既由其他要素相互作用而形成，又对其他因素的培育起着潜移默化的作用。

2. 高职院校科研支持体系

高职院校教师科研支持体系是科研最基础的部分，包括高职院校的科研管理、科研定位和教师自身的科研时间等，能够给予高职院校教师从事科研所需要的制度支持和保障。

高职科研管理涉及很多方面，包括科研经费、项目申报、科研设备、科研场所、合理的评价与激励制度、科研团队、信息交流平台等。

高职院校的科研定位同样是高职院校教师科研生态的重要构成部分，错误的定位，难以产生符合高等职业教育自身条件与特点的成果，无法发挥推动高职院校教师投身科研的作用。

3. 高职院校教师自身科研能力体系

科研能力是指教师进行并完成科研活动或课题研究的各项能力的总称。高职院校教师的科研能力作为科研生态里的核心要素之一，在高职院校科研生态中作为一个具有自身独特性的系统存在，立足于高职院校，与高职院校人才培养宗旨、教学特色相适应，呈现出具有研究类型的应用型和适用范围的区域性的特点。

高职院校教师科研能力包括教师知识体系、学习能力、科研方法运用能力、科研实践能力和科研创新能力等，这些能力需要在科研活动中不断完善。

### (二)高职院校教师科研现状问题分析

高职院校教师科研的各个要素之间联系密切，只有做到协调发展，才能实现科研的平衡发展，从而为高职院校教师从事科研提供必要的助力。但是，当前高职院校科研环境还存在着诸多问题。

1. 高职院校科研氛围不浓

从现实情况来看，很多高职院校重教学、轻科研，虽然设置有科研管理部门，但是在学校的话语权比较低，科研只是学校的“形象工程”。有的学校还存在着错误认识，认为科研是本科院校的事情，缺乏”科研兴校”的决心，也没有主动引领教师开展教育教学研究。通过科研促进教学的措施与规划，成为部分高职院校教师的包袱，出现被动式、职称式的科研现象也就不奇怪了。当然，在这种科研氛围下，高职院校教师科研动力不足，很难结出丰硕的科研的“果实”，其科研能力的培养和提升失去了立足点。

2. 高职院校科研定位不准确

一些高职院校对科研工作的特点、规律缺乏研究，盲目模仿、简单照搬普通本科院校科研工作的做法和模式，科研定位上不顾高等职业教育的培养目标，没有形成应用型科研特色。从科研评价来说，一定程度上重论文数量，轻科研质量，科研成果不具备实用性，科研评价没有发挥出引导教师科研方向的作用。由于校企互动机制运行不健全，科研停留在理论层面居多，经济效益不高。

3. 高职院校科研管理机制亟待完善

科研管理对高职院校教师从事科研发挥着定向、引导、规范、支持、推动和管理的功能，管理机制在调动科研热情和营造科研氛围上起到了至关重要的作用，为科研生态链的完整提供了制度保障和外力支持。

目前，高职院校的科研管理还有很多不到位的地方，表现在科研工作管理者和组织者把科研管理视为纯事务性的行政工作，缺乏相应的研究，没有发挥示范效应；科研管理制度建设不完善，如科研考核制度、科研激励制度、经费监管制度、学术委员会制度等；科研管理过程中重视申报，忽视监管、重视项目数量，轻视项目质量；忽视科研团队培育；科研培训不受重视，较少开展相关科研学术活动。

4. 高职院校教师科研能力有待提高

(1)学习能力欠缺，发展后劲不足。

高职院校教师科研能力是学习能力、科研实践能力和科研创新能力的有效结合，三者的最优结构很大程度上决定了高职院校教师科研能力的高低。其中，学习能力为高职院校教师科研能力的提升提供动力。但是，目前高职院校教师的学习能力却并没有受到重视。很多高职院校教师学习意识不强，缺乏自主学习计划，对于专业前沿动态缺乏关注。从应用学习策略能力上看，高职院校教师更依赖于电子资料来获取信息，较少购买和阅读专著和书籍，信息获取呈现出快捷化和碎片化。与此同时，高职院校教师在专业发展过程中主动寻求帮助的意愿不强，缺乏主动合作交流学习意愿。从自我评价能力来看，高职院校教师学习的自我评价主要是借助于学校、系部和教研室组织的教学评价和职称评比来进行，主动评价意识弱。

(2)科研实践能力薄弱，缺失科研信心。

高职院校教师科研实践能力主要体现在其从事科研活动时选择的科研内容和使用的科研方法上。在科研内容上，大部分高职院校教师以教学和管理为主要平台，围绕专业与学生的研究较多，以技术为纽带同企业开展合作的研究较少。从科研方法上来看，大部分高职院校教师缺少对科研方法的学习和训练，科研方法运用能力比较低。高职院校教师实践能力低下导致其从事科研的信心不够，群体科研动力不足，进一步使高职院校教师科研在整个高职院校活动中被边缘化。

(3)科研创新能力缺失，生态特征同化。

高职院校教师科研活动由于一味模仿普通本科院校科研路径，片面追求科研项目上档次，使得高职院校教师科研能力生态位特征淡化，最终缺失了自身的地位和功能。出现这种状况，归根结底在于高职院校教师科研创新能力的缺失。多数高职院校，在教师科研能力培养过程中，缺乏对创新能力的重视，使得高职院校教师科研活动呈现出一定程度的“虚无缥缈”。

在评价科研上，注重形式，片面以拥有论文或者课题数目和级别来衡量教师科研能力和创新水平，导致高职院校教师科研创新的“虚”；一些屡次获得各类大奖和得到大量资金的科研课题，理论与应用价值却很低，体现出高职院校教师科研创新的“无”；一个课题“换汤不换药”，却反复在众多项目中“中标”，表现出极强的流动性，即“缥”；做来做去，老调重弹，不见新意，毫无创新，即“缈”。当核心生命力变成了“虚无缥缈”，高职院校教师科研活动的类型特征就会逐渐消失，舍弃自身的生态位特征，盲目将自身的生态位不断泛化，高职院校教师科研最终会迷失方向、失去自我。

### （三）高职院校教师科研问题的原因

高职院校教师科研能力从宏观上要符合高等职业教育发展的特征和规律，从中观上要符合以科研成果增值为逻辑点的个体结构工作顺序排列，从微观上要遵循高职院校教师工作的特征和实际。但是，当前高职院校教师科研却违反了这些运行规律，导致高职院校科研能力提升困难。

1. 与高等职业教育发展规律的不相符

高职院校教师科研能力要以高等职业教育教学为基本出发点，遵循高等职业教育的基本规律，高职科研要注重目标的社会性和路径的实践性。然而，目前高职院校教师没有从学校和当地经济实际大背景入手，找到自身科研活动适合的切入点，选择适合自身特点的科研方法，最终导致科研成果一味地流于形式，缺乏真正的研究价值。

2. 与科研生产链的逻辑存在偏差

高职院校科研生态链的形成是以科研成果价值增长为中心的，生态链所有元素都是围绕此中心找到自己的生态位，从而有序地在整个生态链上发挥应有的作用。但是，目前高职院校教师所在的科研链却产生了异化现象，科研链的逻辑起点发生了偏转，更多的是在围绕资金流动来开展科研。在评价某一高职院校教师科研能力高低时，更多地倾向于用科研活动完成后所带来的经济效益来衡量，表现出较强的功利性，也使得高职院校教师科研链失去了自身的本体价值，在科研活动中盲目追求经济利益最大化。

3. 与高职院校教师的工作实际脱离

目前，高职院校教师在参与科研活动过程中并没有充分利用自己工作中的特色优势。从科研选题来说，大部分高职院校教师的选题来源是各级项目指南，未能结合自身实践中发现的具有科研价值的问题展开研究；从科研类型来看，大部分高职院校教师更乐意对教育教学类进行总结，而忽视了理论研究的重要性；从研究方法上来看，高职院校教师习惯使用经验总结法，较少参与实际调研。以上种种使得高职院校教师科研成果创新力有限，多数研究成果处于低水平重复的情况，科研活动简单化和庸俗化。

高职院校教师的科研能力因为其内部结构需要在科研活动中不断完善，因此，高职院校教师科研能力的提升需要内外因素相互作用共同推动，需要高等职业教育各级管理部门以及高职院校教师自身的共同努力。这样，高职院校教师才能在科研活动中实现专业发展和人生价值。

## 二、高职院校教师科研生态的重构

### (一) 生态位理论的基本思想

“生态”主要是指生物的生活状态，指生物在一定的自然环境下生存和发展的状态，包括生物的生理特性和生活习性。生态位是指基于物种的种类属性在其生存和发展过程中与所处环境相互作用所确定的此类物种在不同生态系统中所处的地位、功能和环境的特征化，同一地区的不同物种可以占据环境中的不同生态位。

生态位理论认为：任何生物单元都包含“态”和“势”两方面的属性，“态”是指生物单元现有的状态(能量、个体数量、资源占有量等)，是过去生长发育、学习、社会经济发展以及与环境相互作用积累的结果；“势”是指生物单元对环境的现实影响力或支配力，如能量和物质变换的速率、增长率、占据新环境的能力。二者的综合体现了特定生物单元在生态系统中的相对地位与作用，使得生态系统的所有物种有序排列。但是，生态位会随着环境和物种间关系的变化而发生变化，通过生态位宽度变化与扩充、生态位重叠与竞争以及生态位的分化与协同实现生态位的动态变化。

### (二) 高职院校教师科研能力的生态位构成分析

社会系统与自然生态系统具有相似性，更多的人选择利用生态系统的基本原理和方法来对复杂的人类社会系统进行解读，为教育系统的结构优化和机制通畅提供必要依据。将生态位理论应用到科研能力研究上，我们可以知道高职院校教师科研能力是整个科研链上具有独立“生态位”的个体，其生态位主要通过“态”和“势”体现出来。

1. 高职院校教师科研能力“态”属性分析

“态”是指高职院校教师科研能力的目前所呈现的状态，是高职院校教师利用自身条件刻苦钻研和利用外部环境在实践中积累教育教学经验所呈现的结果。高职院校教师要利用科研基础与科研生态系统中其他要素相互作用形成科研结果，因此，科研基础和已取得的科研成果是高职院校教师科研能力施展的起点和终点。高职院校教师科研能力的“态”分析必须在其所在的生态链上，通过核心要素与科研能力发生相互关系的对比中来衡量，即从科研活动的时间纵向上利用投入产出比来对高职院校教师科研能力进行评价。

为此，高职院校教师科研能力的纵向“态”分析主要从高职院校教师拥有的科研基础、相互作用的科研过程和已取得的科研成果三个方面来体现，通过科研能力发挥效果的前后状态进行对比来考察它在科研链上的现有状态。

2. 高职院校教师科研能力“势”属性分析

高职院校教师所处的社会系统是由具有主动性的若干复杂个体构成，个体要素之间会发生能量流动。高职院校教师科研活动不仅要在教育系统内进行，还要在社会、企业中开展。在这个过程中，高职院校教师会不断更新和改善其科研能力，与此同时其他方面的能力也会得到提升，如基本能力、学习能力、实践能力等，这些都会直接或间接影响教师的研究过程和研究质量。

高职院校教师科研能力的“势”是教师在从事科研过程中对课堂教学、专业发展、学生未来发展的影响力和支配力。这种影响力和支配力主要是通过高职院校教师的学习能力、科研实践能力和科研创新能力综合体现的，三者之间具有相辅相成的关系。只有三者共同提升，高职院校教师科研能力才能实现整体提升。高职院校教师通过这些能力对科研系统中其他因素施加影响，在科研实践活动中最大限度地发挥自己的作用。

## (三) 高职院校教师科研生态的重构策略

从生态学的角度来说，生态系统的协调发展离不开一个个生态要素的良性互动。高职院校具有良性的科研生态，能够提高科研质量，塑造高职科研品牌。重构高职院校教师科研生态应从各生态要素入手，最终形成合力。

1. 营造良好的科研氛围

良好的科研氛围为高职院校教师从事科研工作提供了丰富的土壤。高职院校必须重视科研氛围的营造，科研氛围在无形中引领教师精神世界的发展，促成教师与学校共同愿景的形成，在观念上不断强化高职院校教师科研能力的生态位。高职院校良好的科研氛围应该是良好学术氛围的延伸，是民主和宽容的思想家园。高职院校科研活动应该弱化行政力量的影响，以学术自由的观念引领高职院校教师积极思考和探索，基于自身个性和学识提出独特的见解和观点，在差异自由存在中寻求创新，在科研地位平等中寻求发展，促进高职院校教师科研自觉的形成，让每一位高职院校教师都能在同等的科研平台展示能力和并不断进步。

2. 确立应用型的科研定位

准确的科研定位是一种引领，为高职院校教师从事科研提供一种方向。显然，高职院校科研工作应着力围绕应用型研究展开，始终都应该贯彻实践性和实用性的原则，实行产学研相结合。表现在科研选题上，要瞄准科技发展前沿和经济社会发展中的重大实际问题，以提高科研成果的创新性，从而更好地解决新问题；在实施过程中，采取行动性研究方法，即“在行动中研究，在研究中行动，而且是为了行动而进行研究”，这样才不至于脱离实际；在科研成果的运用上，才能参与到社会服务中，比如为中小企业创造实际的经济效益。

3. 探索服务型的科研管理机制

目前来说，在科研生态环境中起主导作用的是管理机制。通过管理机制的创设，构建良性的科研生态，推动高职院校教师参与科研，提高科研水平。笔者认为，从职能转换角度来说，高职院校呼唤服务型的科研管理机制。即通过创设基本保障制度确保高职院校教师科研所需要的时间、设备、经费、场所等，使高职院校教师有条件开展科研；通过构建有效的运行制度来规范科研活动中各主体的职责和任务，确保科研元素能及时有序地在各自生态位上发挥作用，保证高职院校教师科研链完整有序；利用合理的评价与激励制度，优化科研量化考核评价体系指标，有针对性地给予精神和物质的奖励，充分运用多种奖励方式，激励高职院校教师更加积极参与科研活动，并在科研活动中不断培养和提升自身的科研能力。

4. 积极搭建信息交流平台

高职院校教师的科研能力需要在与其他科研生态要素的互动中，在借助外在的资源和保障的基础上，通过积极主动的投入和反复实践不断实现螺旋式的发展。对于高职院校来说，必须创设相应的信息交流平台，为高职院校教师不断学习提供条件。高职院校教师的科研系统只有开放地不断获取和交换信息和能量，才能使高职院校教师在信息指引和推动下及时了解科技发展前沿动态，不断积极思考，并在交流中碰撞出思想的火花和创新的灵感。

高职院校要积极搭建信息交流平台，促进系统内外信息的多种方式流动，定期开展科研活动分享，加强教师之间的专业对话、沟通、协调和合作。同时，积极引进校外先进人物走入校园，定期举行讲坛、沙龙、企业技术发展分享、论坛在线研讨、疑难问题集体“会诊”活动等，缩短本校教师与先进同行的思想差距，拓宽研究视野，积极引导教师循序渐进开展科研活动，不断转型成科研型教师、学者型教师。在教师个人科研能力提高的基础上，教师科研团队之间应加强交流和协作，从而能够建立一支有生命力的教师科研团队。

## 三、高职院校科研治理策略

高职院校教师科研能力具有其他层次、类型所不具备的特征。在科研工作中，如果不加以分析和甄别，就难以凸显出自己的特色和存在的价值。所以，高职院校科研治理必须要对自身科研能力有正确的定位，坚持以特色立足，避免因生态位高度重叠而在科研领域中失去竞争力。

### （一）高职院校科研治理的正确定位策略

对于高职院校教师科研能力来说，在进行自身发展和建设时，首要问题就是自身科研领域的定位问题。

从功能定位来看，技术更新速度的加快和信息爆炸式传递的转变，使得高职院校教师必须在自身领域不断吸取新的养分来提升自身的教学效果和魅力，必须清楚地认识到科研活动对自身长远发展的重要性，端正态度认真对待科研活动。从科研类型定位来看，高等职业教育必须围绕技术知识的传递与更新来进行自己的教学和科研，依托以高职院校为主体、社会企业共同参与的发展平台，开展以解决实际问题为重点的技术性研究和应用性研究；从科研能力层次定位来看，教师要根据专业领域差异、专业能力高低和专业实践经历来正确看待自身科研能力的层次结构，从而选择适合自己参与的科研任务。

## (二)高职院校科研治理的领域错位发展策略

高职院校教师科研能力要想在竞争激烈的科研领域中发展，必须增强科研创新能力，彰显自身特色，与其他教育类型和其他层次教师科研能力进行错位竞争。

高职院校教师科研能力的提升应克服选题盲从、路径模仿、研究重点不突出和科研成果特色不明显等问题，结合高等职业教育的类型特征来发展自身科研创新能力，确立以技术应用型研究为主导，充分利用自身优势和资源，积极开展社会技术服务和生产实践。同时，在高职院校教师内部，也需要根据自身专业和素质的差异进行错位竞争，使具有不同专业能力类型、层次的高职院校教师能寻找和占据到有利领域。

(3)高职院校科研治理的扩充策略。

高职院校教师科研能力的培养是其研究深度不断扩充的过程。在资源有限、竞争激烈的科研领域，高职院校教师必须寻求和开拓新的资源和生存空间，发挥其主观能动性，不断拓展科研能力的容量，充分利用和挖掘可用资源，打破发展条件的瓶颈，提高教师自身的科研竞争力。

1. 提升教师科研学习能力，定向优化科研基础

高职院校对教师进行职后培训，普及从事科研工作所需的基本科研知识和方法，引导高职院校教师结合培训知识主动学习和思考。

高职院校教师的职后培训要考虑到教师群体的特殊性，采用多种方式进行，例如面向高职院校教师各个层次的专业教学培训、研讨会、不同学校之间的课题研究合作和校企交流会。同时，培训内容要有针对性，既要解决高职院校教师在科研中常出现的问题，又要包括将来的研究中有可能出现的问题进而配备相应课程，如教学研究成果形式的介绍和写作、方法的指导、项目开展流程的指导说明。除此之外，还要积极发挥校本培训的重要作用。校本培训以本校教学中存在的问题为主要培训内容，针对性强，把学习、工作和教学融为了一体，增强了培训效果的时效性。

2. 加强教师科研实践能力，合理利用和挖掘校内外资源

科研实践能力是教师在掌握教育科研知识和方法的前提下合理配置可利用资源解决科研问题的能力，其培养和提升只有在科研实践活动开展过程中才能

得以实现。高职院校要改变原有“等、靠、要”思想，结合学校发展特色、自身专长以及高等职业教育科研特点，合理配置可利用资源，挖掘潜力资源，主动适应市场技术与人才需求变化，寻求社会与企业合作，借用学校技术优势、人才优势向企业提供技术咨询服务和技术攻关合作，以此实现与企业互通资源和信息，时刻与市场专业前沿动态保持一致。

同时，高职院校必须规范教师双师型培养制度，注重高职院校教师专业实际操作能力的培养和考察，顺利衔接高职院校教师的教学与科研。高职院校的科研主管部门还可以开展教师间的科研帮扶活动，请经验丰富的教师或者校外专家担任科研导师，积极发挥传帮带作用，及时解答科研过程中遇到的问题，在科研实际活动中适时地给予科研知识和方法上的指导，多方面地提升高职院校教师的科研素质与水平。

### （四）高职院校科研治理的协同进化策略

高职院校教师的科研能力作为高职院校科研系统的一个独立个体，也同样需要与系统内其他个体相互作用，应妥善处理好竞争与合作的关系，在相对稳定、协调共生的协同进化系统中实现自身螺旋式的发展。

1. 融合产教研，注重工学结合路径

高职院校教师应在社会实践和企业合作中寻求自身科研能力的进步。从内容上讲，在选择科研切入点时，必须考虑到与教学和技术服务的关系，把三者结合在解决技术应用难题的应用型研发上，侧重于应用技术的研发，新产品、新技术、新方法的推广，生产技术服务、科学技术咨询、技术人员培训等方面；从方式上讲，必须处理好获取自身教学经验与技术工作经验的配合，高职院校教师积极了解专业领域前沿动态，利用和珍惜学生实习指导和外出培训的机会进行调查和分析，通过自身观察和与企业人员的沟通交流，充分了解生产和服务一线的真实状况，主动地结合好教学经验和企业工作经验，通过科研活动和科研成果来体现高职院校教师科研能力的独特。

2. 加强团队建设，促进人员协同进步

高职院校教师要打破原有的独立怪圈，在保持自身科研生态位的相对独立基础上，主动寻求与其他教师、教育研究人员、企业员工等相关机构的进行合作的领域和机会，按照各自的专业知识和技能进行任务分配，共同促进科研能力的整体提升。

同时，高职院校要打破人才单位所有制壁垒，克服团队组建和成长过程中遇到的体制和制度障碍，按照科研项目的任务进行成员选择，建立起结构合理的团队组织，在学术领头人的带领下，依托重点实验室和项目基地，凝聚学科方向，集合各自优势形成团队合力，从而在更高层次上寻找、选择和优化，实现成员互利互惠、团体集群创新和群体的协同进化。

3. 加强学术自治，优化科研环境

只有良好的学术自治才能创造和谐的科研环境，才能引导科研成果增值的正确方向，才能实现科研的良性自我组织，推动高职院校教师自觉培养和提升自身的科研能力。

(1)高职院校加强学术自治，重视科研氛围的营造，应该弱化行政力量的影响，以学术自由的观念引领高职院校教师积极思考和探索，在无形中引领教师精神世界的发展，促成教师与学校共同愿景的形成。高职院校良好的科研氛围应该是良好学术氛围的延伸，是民主和宽容的思想家园。

(2)高职院校要积极搭建信息交流平台，定期开展科研活动分享，加强教师之间的专业对话、沟通、协调和合作。

(3)高职院校还要优化治理机制，确保高职院校教师科研所需要的时间、科研设备、科研经费、科研场所等，使高职院校教师有条件开展科研，各类科研元素能及时有序地在各自生态位上发挥作用，实现整个高职院校科研链的完整有序，让高职院校教师在科研活动中不断获得能力的提升。

## 四、高职院校科研团队的培养机制

高等职业教育科学团队的建设是实现高职院校科研与教学相互促进的有效途径。通过高等职业教育科研团队的建设可以带动一个学校的教育科研工作，进而促进一个学校的专业建设和人才培养，从而真正提高高等职业教育的科研水平，提升高等职业教育的人才培养质量。

对于高职院校来说，如何培养良好的科研团队，发挥科研团队的应有功能是推进高等职业教育科研建设最重要的任务。高职院校要创建优秀的科研团队，必须建立以下培养机制。

## （一）高职院校科研团队的构建机制

“团队”是管理学界近年较为流行的一个词，科研团队的相关理论概念则是从企业团队理论发展而来的，大量的研究成果主要是针对企业研发团队的。当前，高校科研团队研究也主要是针对普通高等教育，取得了一些研究成果。对于高等职业教育来说，科研团队建设还是一个新生事物。

科研团队是一种有效的科研人力资源组织模式，是以科研项目为牵引，以科学技术研究与开发、人才培养为主要内容，由为数不多的技能互补、愿意为共同的科研目的、科研目标和工作方法相互承担责任的、以高校科研人员为主而组成的群体。科研团队并不是一群人的机械组合，团队成员除了具有独立完成工作的能力之外，同时具有与他人合作共同完成工作的能力。团队的绩效源于团队成员个人的贡献，同时永远大于团队成员个人贡献的总和。一个真正的团队应该有一个共同的目标，其成员之间的行为相互依存，相互影响，并且能很好地合作，追求集体的成功。科研团队有广义和狭义之分，狭义上指大学内部和大学之间合作的创新团队。广义上包括，高校与企业之间、高校与科研院所及多家创新体系内包括高校在内的各行为主体间的团队合作形式。由此看来，科研团队是科研人员有机整合的结果。科研团队构成人员一般包括学术带头人、科研骨干、科研人员与协作人员四大类，从年龄结构来说，一般老、中、青结合是最好的。

### 1. 注重团队带头人的成长

确定具有前瞻性的研究方向，构建和谐的研究梯队以及培养能够激发灵感的学术气氛是科研团队科研创新的三大要素。其中，能否确定具有前瞻性的研究方向离不开科研团队带头人的领导作用。团队带头人是科研团队成功的关键因素之一。他必须具有明确的研究方向，并已在该研究方向获得一定的建树或学术成就，必须具有吸引人、团结人、凝聚人的品行修养和人格魅力，具备一定的领导能力。因此，科研团队带头人的培养对于科研实力相对较弱的高职院校来说，是发展其科学研究要解决的重要问题之一。

（1）创造科研团队带头人成长的条件。

带头人有引进和高职院校内部产生两种方式，其中，后者应成为一种主要方式，这是高职院校科研团队可持续性发展的需要。学院应创设有利于其成长的条件和环境，如通过政策倾斜来创造机会让具有一定学术基础的人不断提高学位层次或出国深造，支持他们进一步开展学术研究和国际合作，提高其学术成就。对在学术上和培养团队成员上有一定成就的学术带头人给予物质和精神表彰，通过利益机制激励学术带头人向更高层次迈进。条件成熟的高职院校甚至可以赋予团队带头人一定的人事权利，可根据团队科研项目的需求，自主引进科研人才，实现人才的合理配置和优化组合，学院给予一定的专职科研编制支持。对于学院青年科研骨干力量，学院应通过政策和利益导向，给予适当的经费，鼓励和支持他们组建科研团队。

(2)注重科研团队带头人领导素质的提升。

科研团队带头人不仅仅是某一领域的科研专家，能够立足学科发展前沿，用战略性眼光选定学科发展目标，获取科研项目，从团队培养来说，带头人还是管理者，他要确保团队核心成员有一种完成工作的自信心，积极主动地把个人潜力和智慧奉献出来，创建团队成员的文化认同，认可彼此的优势，包容彼此的缺点，促发凝聚力。这就要求科研团队带头人具有较强的领导素质，善于处理人际关系，善于解决冲突，善于识人用人。

高职院校科研基地科研团队建设要注重带头人管理能力的提升，要健全科研团队领导体制。一方面，要建立适合科研团队成长的、便于团队领导人操作的内部管理规范，避免团队建设靠人治，应该走依法治理之路。另一方面，团队带头人要不断地完善自身，增强自身的学术能力和人格魅力，以学术能力赢得外部资源，以人格魅力管理团队成员。团队带头人要与成员一起建立团队共同的愿景，能够确立高职科研团队共同的目标和定位，如立足当地经济社会发展的实际，重点围绕学院所设专业，突出技术应用项目研究，同时重视研究高职教育教学规律，强调高职理论研究。更为重要的是能够把团队目标转化为成员个人需求，并为其个人目标实现提供途径，科研团队具备人才培养的良 好的学术氛围和资源优势，团队应该是一个科研人才的孵化基地，具备良好科学素质的优秀人才在这里被发现并着重培养。

2. 团队成员的选拔与组织

高职院校科研团队是特殊的教师资源整合和开发利用的形式，服务于科研基地的项目研究需要。科研团队的培养首先面临的是团队成员如何选拔构成的问题。由于我国高等职业教育起步比较晚，虽然发展速度很快，但是，科研在产学研体系中发挥的作用还不是特别明显，科研气氛还不是特别浓厚，科研力量还有待培养，因此，科研团队的建设应立足高职院校内部，以科研项目和重大课题带动，实现学院内部科研力量真正的有效整合，在此基础上，进而实现与企业、其他高校科研力量的合作。

（1）完善学术梯队建设以解决团队成员来源问题。

高职院校也要从事科研已经成为办学者的共识，只不过高职院校主要从事的是应用性研究，服务于产学研的需要，这与主要从事基础研究的本科院校在研究主题和内容上有所区别。从事科研，培养科研团队需要完善学院自身的学术梯队。按学历、专业、年龄、职称建立学科带头人、重点培养对象、青年科研骨干信息的建档归类工作，从而明确学院科研力量各自稳定的研究方向和目标。在组成科研团队的时候，根据科研项目的要求和科研力量的研究方向，从中加以整合选择，形成核心突出，层次清晰，衔接紧密的组织架构。这样可以解决目前大多数科研团队普遍存在的成员临时拼凑而成，难以形成合力和产生大的科研成果的问题。

（2）建立学校与二级学院两级科研力量管理体系以解决团队成员组织归属问题。

科研的主体是教师，当前，高职院校的教师是以二级学院为单位组织而成。二级学院并未建立相应的科研管理机构，学校虽然有科研管理部门，但主要负责一些信息发布，课题申报资料整理等日常性工作，对各二级学院科研力量的协调组织比较困难。这导致二级学院之间、教师之间各自为战，缺少了解及沟通的平台和渠道，研究力量分散，即使是同一课题组中单干的也比较多。

高职院校科研团队的培养必须发挥二级学院力量建立完善系部科研组织，让各二级学院参与科研活动，能够及时提出建议，避免脱离实际、流于形式，也有利于以专业、学科为核心的科研团队建设，可以促进同一学科内部不同分支间的融合，也为同一学科内部团队的运行提供了共享资源。对于以重大科研项目为共同研究目标而集聚在同一平台上的跨学科、跨行业的团队则需要通过学院科研管理部门来组织，从而实现各二级学院之间、学校与企业之间联合科研攻关的整体效益。

### (二)高职科研基地科研团队的激励机制

激励在管理活动中具有积极的意义，美国著名管理学家西蒙说过：“管理工作的关键在于领导者；领导艺术的核心，在于激励下级主动而积极地工作。”就科研团队来说，科学、合理、有效的激励机制能够激发团队成员的工作潜力和责任感，调动其积极性和创造性，从而提高团队绩效。

当前，高校科研团队和高职院校科研管理实践中激励机制的功能并未有效得以实现，主要体现为 激励机制的单一性，团队对成员的激励机制单一，表现在：侧重于物质激励，如分发团队津贴、奖金、团队剩余经费；有的团队为成员配车等。精神激励则主要体现在团队成员的职称晋升方面。团队的激励以整体激励为主，个体激励不足。单一的激励机制无法 全面激发大学科研团队知识型员工的积极性。多数高职院校采用奖金方式，重物质轻精神。单纯重视精神，缺乏物质支持的激励是空中楼阁，立不稳站不住。反过来，重物质轻精神同样有害。导致这一现象的原因很多，就高职院校来说，由于科研需要投入更大的精力，而重教学轻科研的认识普遍存在，对教师少有科研方面的要求，科研奖励力度也不够，这些 都导致教师们缺乏参与科研的动机。

在此背景下，高职院校科研团队的培养既要发挥团队自身的激励因素，又要实现整体激励与个人激励、物质激励与精神激励的有效结合。

1. 注重科研团队自身的激励因素

事实上，科研团队组织形式本身就对成员具有激励作用，根据马斯洛需要层次理论，我们知道个体有尊重、归属和自我实现等方面的需要。科研团队明确的目标，具有挑战性的科研项目，使成员在研究过程中能够获得成就感和满足感。成员在团队内获得比较充分的授权和工作自主，这本身也是一种激励。信任、尊重和相互支持、举荐新人的团队文化，团队给予成员的归属感，团队的社会成就和威望，都具有激励作用。高职院校的科研人员作为知识分子虽然和常人一样需要物质的激励，但更看中精神层面的满足，科研工作本身具备的挑战性和对人的创新能力的要求使他们产生巨大的成就感，激发其内在的创造性，从中极大地体会到自我价值的实现。

2. 整体激励与个人激励的有效结合

科研团队中成员间的关系是竞争式合作，合作式竞争。良性竞争可提高科研团队效率，合作又能提高与外部竞争的效率。科研的任何一环节的新突破都需要其他合作环节的配合和促进，往往也受到其他合作环节的限制。高职院校科研团队的激励机制要强调群体绩效，以群体为基础进行绩效评估、利润分享，声望共享。此外，还要按学术水平对个人进行激励，便于优胜劣汰、培养人才。科研团队的激励要以团队激励为主，个体激励为辅。

3. 物质激励与精神激励的有效结合

物质激励主要包括科研团队成员的薪酬激励、团队科研启动费用激励、团队利益分配激励。精神激励则包括事业激励、道德与情感激励、权力激励、考核、晋升与解职激励、学术声誉、地位激励等等。对科研人员来说，对工作本身的成就感、职位晋升等精神层面的要求远胜于物质要求。因此，在物质激励的前提下，要侧重对团队成员的精神激励。

### (三)高职科研团队的绩效评价机制

绩效评价与激励机制是紧密相连的，科研团队绩效的取得与能否有效实施激励相关，而绩效评价也能够发挥激励、反馈的功能，推动着科研团队的建设。

高职科研团队绩效评价指标要根据科研绩效来设计，科研绩效表现形式有：承担项目、发表论文、科技著作、获奖成果、获得专利、成果鉴定、创造价值、培养人才等。评价方法应注重定性与定量两大类方法的结合，这有利于克服当前高职院校科研绩效评价所存在的问题。目前，高职院校大多实行教师科研业绩量化管理，在人员薪酬确定、职称职务评定以及人才的选拔方面，完全依靠具体的量化指标，并据此评出水平高下，片面强调了量化评价指标体系的作用，其直接后果是科研成果的急功近利，严重影响了高职院校科研的发展。高职院校本身的科研能力就弱，而这种量化管理涉及个人利益，使得一些不具备科研能力的人弄虚作假，长此以往，恶性循环，会使本来就很薄弱的科研水平泡沫更多，影响科研发展。

此外，评价中一方面要注重科研成果的应用性，注重对高职教学研究的评价要求，并将之纳入高职院校教师工作量计算体系之中，这样，才能够通过科研促进高职院校教学改革。另一方面对团队成员的知识体系和工作绩效考核应该全面和公平，激励其自觉提高科研素质。

事实上，后一问题是当前高职乃至所有高校科研团队绩效评价中都面临的困惑。主要表现为团队整体科研成果的归属和分配，如团队集体研究出的科研成果，在发表论文时，署名如何排序。这些都与科研团队成员的个人利益、积极性和团队文化建设紧密相关，事实上也是团队成员责权利如何分配的一种反映。只有使每个人的贡献都得到充分的认可，才可能促进优秀团队的崛起。

因此，如何寻求一种相对公平的绩效评价方案是制约高职院系科研团队培养成效的因素之一。鞍山科技大学对此进行了探索，我们认为这一探索一定程度上解决了问题，值得借鉴学习。承担国家级基金面上项目的团队，第 2 和第 3 参加人认同为各自负责承担了一项省级基金项目；承担国家基金重大项目、国家“863”和“973”项目的第 2 至第 5 参加人认同为各自负责承担了一项省级基金项目；承担省级基金项目的第 2 参加人认同为负责承担了一项市级计划项目；作为团队核心人物以第 $i$ 参加人参加 $i$ 项某级别计划项目的认同为主持一项该级别项目。科技奖以此类推。论文发表在影响因子为 0.5 以上核心刊物的论文第二作者认同为核心学报论文第一作者；三大检索收录论文的第二和第三作者认同为核心学报论文第一作者一次。专利、著作方面，作为团队核心人物以第 $i$ 参加人参加 $i$ 次某类成果的署名的，则认同为第一人一次。

### （四）科研团队的培训提升机制

科研团队不仅仅具有实现研究目标的功能，同时还有人才培养的作用。对于高职院校来说，要培养成熟的科研团队，实现其功能，必须通过培训提升机制来达成人才培养。这种培训必须发挥学院、科研团队的作用。

科研团队应创设学习化的环境。团队要成为学习创新型团队，必须在团队内部逐步形成鼓励学习、愿意分享、互信互助、开放的组织文化与环境。在平等、民主、自由、活跃的学术气氛中，对学术问题进行交流讨论、批判思考，能够针对不同成员的特点和科研专长为其制定不同的培训计划与职业发展规划。在科研中为青年成员的发展提供足够空间，让其独立承担部分科研项目，为成员提供一定自主科研创新的平台，使其有充分锻炼和发挥才能的机会。同时，通过以老带新的方式在科研实践中对青年成员进行具体的指导和培训。

科研团队应建立合作型竞争机制。只有在竞争中，团队成员自我提升才有动力。在倡导竞争的同时强调合作，保证科研人员能加强联系与合作，促进其在相互联系的动态过程中形成合力，实现科研团队的整体优化。

高职院校应该发挥行政组织在科研团队培训中的积极作用。利用多媒体培训、计算机培训、网络培训等加强对成员的技能培训、团队文化培训。

### （五）团队文化影响机制

美国耶鲁大学心理学家罗伯特认为：影响团队成果最重要的因素在于团队成员能否营造良好和谐的气氛，信息、情感等方面能否高效沟通。这正说明团队的高效运行离不开团队文化的支持，团队文化为团队的运行提供了精神动力。高职院校科研团队的培养同样需要借助于团队文化的影响机制。

树立以人为本的价值观，尊重团队成员的学术研究权利，激发其自主性和责任意识。加强沟通，建立多样化的沟通渠道，如定期开展学术研讨会、团队成员讨论会，这样就能够形成包容彼此之间的差异性和多样性，又能相互信任和依赖的团队研究氛围，在团队总目标的指引下开展充分的合作，将个人力量凝聚成团队的力量。

培养民主和谐的学术氛围，团队中要建立平等的“学术对话”平台，团队成员的思想能够充分地发表并得到尊重，鼓励质疑，鼓励学术思想的碰撞和交融，鼓励不同意见的表达，使团队成员把实现团队目标内化为自身需求，愿意分享知识，不断地学习创新，激发出拼搏精神、敬业精神和自我牺牲精神。

# 第六章

# 高职院校内部治理改革视野下的技能竞赛

高职院校技能大赛是检测教学效果、展示高等职业教育风貌和实力、提高高等职业教育人才培养质量的重要平台。高职院校职业技能大赛通过引领人才培养目标改革、引领人才培养模式改革、引领教学内容和教学方法改革、引领职业教育考核评价、引领师资队伍建设改革等方面，对高职院校内部治理具有重要的意义。

## 一、基于技能形成的高职院校竞赛文化

2014 年 2 月，国务院总理李克强主持召开国务院常务会议，部署加快发展现代职业教育，国务院常务会议中特别强调要牢固确立职业教育在国家人才培养体系中的重要位置，促进形成“崇尚一技之长、不唯学历凭能力”的社会氛围。高职院校作为职业教育的主力军，是培养高级技能型人才的重要阵地。如何培养出适应社会经济发展的技术技能型人才，是高职院校必须深入探讨和研究的重要命题。专业技能作为高职人才培养目标综合素质的一项核心内容，是高职院校人才培养目标实现的基本要求和价值取向所在，只有培养出满足社会和经济发展所需要的技能型人才，高职院校的治理能力才能得以体现。

## （一）技能形成的内涵

1. 技能的界说

在心理学上，技能是指通过学习而形成的合乎法则的活动方式，可将其分类为心智技能和操作技能。操作技能是指有一系列的外部动作以合理的程序组成的操作活动方式，表现在外部行动上和对事物的直接行动中，如打字、弹琴、体操等都属于这一类；心智技能则是一种借助内部语言在人脑中进行的认知活动方式，如心算、记忆等都属于这一类。但这里所说的技能是人类活动中的普遍技能，强调技能在人类头脑中的心理表征。

高职院校通常所说的技能，有其自身特殊的含义，带有一定的专业和职业色彩的活动方式，是指在一定专业知识的指导下，为从事某一职业活动生产所形成的操作系统和行为模式。其实质是以一定的职业定向（个体生理与心理素质）为前提，通过学习而掌握的一种主体性认知、动作方式与经验，是具有一定规范性的认知和动作活动方式，这也就决定了高职院校专业技能的掌握必须与社会中的职业技能相适应。

2. 技能形成的理论要点阐释

（1）技能形成需要知识的有效获得。

"掌握一种技能，首先需要学习与它有关的知识，了解完成这种技能动作的基本要求，在头脑中形成这种技能最一般的、最粗略的表象。"从这句话可以看出，技能形成需要一定的知识作为基础是必要的，即需要知识的有效获得，特别是心智技能的形成需要陈述性知识的有效传递。

心智技能主要强调的是思维活动，是利用规则来解决问题，那么应当首先熟悉和掌握与该心智技能相关的知识。从心智技能与知识的联系的角度来看，心智技能是在知识信息掌握的基础上形成的，在学习的最初，两者是难以区分的，因为心智技能所包含的概念和规则都是用语言知识来传达的。所以，要形成技能首先需要掌握有关的知识，只有这样学生才能够理解有关的规则，并自发地应用规则去解决问题。从学习理论的角度来说，例如加涅关于学习的类型，就谈到了概念学习、辨别学习和规则学习；又例如图式的形成，这些都需要陈述性知识。

当然，这种必要知识的形态，也存在一些隐性的文化形式，无时无刻不在对学生的技能学习产生潜移默化的作用，往往能对学生产生更深远和持久的影响。如本书中所要论述的竞赛文化，就有隐形文化的成分，通过利用其观察、模仿、感染、对比等特性，帮助高职学生在技能学习过程中不断完善其方法和程序，提高其技能学习的效率。

(2)技能形成的练习特征。

“练习是以掌握一定的动作技能为目标所进行的反复操作的过程。”练习对动作技能的重要性毋庸置疑。没有练习，动作技能就很难学会。而且有许多理论也谈到了练习对技能形成的重要作用。

闭环理论认为，技能的形成是通过学习者在学习过程中不断的知觉追踪获得的。在练习过程中，新的动作通过知觉得到持续的反馈，正确的知觉不断强化，技能的提高是从言语—动作阶段—纯动作阶段的转变过程，也就是从意识控制到自动控制的过程。

费茨提出的著名的技能形成的自动化理论认为练习是技能形成的必经之路，只有不断地在实际活动中加强练习和强化，学习者才能将技能内化于自身动作，达到技能的自动化阶段。当然，他所指的练习不是单纯地重复动作，是有意识地根据练习规律进行强化的过程。

冯忠良认为技能的形成是学习者主动构建和联系强化的结构，既要考虑到学习者自身认知基础和主动定向映像的因素，也不能忽视模仿和练习的重要作用。

由此可知，技能形成理论都非常重视练习在技能形成中的重要作用，一种技能要经过多次反复的练习才能够最终形成。因此，心智技能也需要练习，操作技能当然更需要练习。

(3)技能形成具有阶段性。

技能的形成并不是一蹴而就的，它是一个循序渐进的有阶段的过程，这主要是因为学生技能及其学习认识过程的渐进性与教育活动的过程性相结合造成的结果。

加里培林将心智技能的形成划分为活动的定向阶段、物质化活动阶段、出声的外部言语阶段、不出声的外部言语阶段、内部言语阶段五个阶段；安得森结合菲茨与波斯纳的动作技能形成的三阶段，提出心智技能形成的过程同样划分为认知阶段、联结阶段和自动化阶段。冯忠良认为操作技能的形成过程，可以分为四个不同的阶段，即操作定向阶段、操作模仿阶段、操作整合阶段、操作熟练阶段。还有论者通过教学实验，在加里培林和安得森等学者研究的基础上，提出了原型走向、原型操作和原型内化的心智技能形成三阶段论。

虽然，这些理论成果在阶段划分的标准和阶段各不相同，但是都启示我们要遵循技能形成的阶段特征，随着学生认识过程的不断深入，逐步为高职学生的技能学习提供指导和支持，促进高职学生技能的形成和巩固。

3. 高等职业教育中技能形成的重要性

职业教育作为与普通教育并行的一个教育类型，其本质突出体现在其能力本位的价值取向，作为以能力为本位构建教育体系的职业教育，重在培养学生具备某个职业或者某类职业群所需要的综合素质和综合职业能力的各级、各类的技能型人才，其中职业技能便是其综合职业能力的重要内容和基本体现。对于处在职业教育高级层次的高等职业教育来说，技能的形成也对其有重大的意义。

(1)技能形成是高等职业教育人才培养目标的核心内容。

高等职业教育旨在培养一大批有一定科学文化基础和较强综合职业能力的，德、智、体、美等全面发展，在生产、技术、服务、管理等一线工作的高级技能型、应用型人才。从其目标中不难看出，高职院校的人才培养目标定位于高级技能型人才，技能是这类人才综合素质的核心指标，也可以说技能的掌握程度便是高职人才的含金量。只有掌握自身专业技能的人才，才能符合社会岗位的技能标准和要求，高职院校才算实现了自身的人才培养和经济功能。可见，技能的形成与否是检验高职院校职能是否实现的核心评价指标。

(2)技能形成是高职院校类型特征的重要体现。

高职院校其本质特征在于其“职业”性。黄炎培先生早在20世纪初就提出了职业教育是“为个人谋生之预备；为个人服务社会之预备；为国家及世界增进生产力之预备”，是为了“使无业者有业，使有业者乐业”。而要达到这样的高等职业教育目的，体现出高职院校的类型特征，前提就是高职院校所培养出来的人才具备能够顺利适应社会岗位职业技能要求的专业技能。所以说，高职学生专业技能的形成与否是高职院校能否凸显其区别于普通高校的特色的关键。

因此，如何更有效地帮助学习者形成技能，就成为每一所高职院校和每一位高等职业教育者必须解答的问题。

### (二)高职院校技能竞赛的意义

技能竞赛由于分类标准的差异，可以分成不同类型，如国际性质、全国性、地方性的技能竞赛，预选性质和非预选性质的技能竞赛等，每一种竞赛都有自己的目标、形式、内容和评判方式。

高职院校技能竞赛是技能竞赛的一种类型，是以高职院校为主体，依据专业教学标准、技能训练标准和国家职业资格标准，结合学校自身发展特色、学生实际情况而开展的常规性、全员化竞赛活动。通俗地说，就是高职院校所举办的，纳入高职院校日常工作范围的，学生全员参与的竞赛活动，是一种普适性、全员式的校内竞赛，是具有文化辐射力和影响力的竞赛。

这种竞赛不同于省级或全国职业院校技能大赛选拔比武式，它是倾向于评比的竞赛，有着为省级或者国家级技能竞赛预选的作用，但其价值绝不仅仅局限于此。高职院校技能竞赛是高职学校为促进全体学生成才的平台，目的是提高高职全体学生的综合职业素养，其参赛对象是高职院校全体学生，竞赛的基本要求是切实联系学生实际水平，以技能操作和实践能力为重点，发挥评价检测高职院校内全体学生技术技能水平，激发学生自我效能感，激励学生走向成功的作用。高职院校技能竞赛主要是以学校独立举办为主，也可以学校之间联合举办以及校企合作举办。

### (三)高职院校技能竞赛的问题审视

高职院校技能竞赛作为学校文化活动中的一部分，不仅是检测高职学生技能掌握情况的一种方式，更是高职院校培养学生职业素质的一种手段。然而，当前高职院校技能竞赛本体功能被忽视了，往往被作为国家竞赛的附属活动，“为赛而赛”，背离了其应有的价值。

1. 竞赛目的功利化：“为赛而赛”窄化竞赛价值

当前，高职院校对于技能竞赛的关注重点大多放在省级和国家级的技能竞赛上，高职院校参加省级或全国技能大赛获奖，已经成为衡量学校工作的一个隐性指标，很多学校为此花费了大量的人力物力。参加省级或全国技能竞赛，不仅是学校当下显现的政绩，也是学校荣誉与招生的筹码。

长期以来，学校举办技能竞赛的目的定位于主要为省级或国家级技能竞赛选拔优秀苗子而服务，这导致高职院校技能竞赛只注重技能竞赛的选拔性而忽视竞赛的普及性，校内技能竞赛偏向预选类型，组织形式单一。学校将大多数教育资源投入在少数几个参赛选手上，而其他普通学生的技能教学却被忽视。作为高职院校内部教育活动之一，技能竞赛与技能比武的价值被极大窄化了。

2. 育人功能缺失：参与力度弱成为少数人的“游戏”

高职院校由于发展时间短，底蕴积累还有所欠缺，社会评价还不够高，加上“学而优则仕”思想的影响，导致其生源质量有所欠缺，学生的文化基础较为薄弱，成就感比较低，学习动机比较弱，其他非智力因素也存在不同程度的问题。

高等职业教育是培养技术技能型人才的教育类型，作为教育的构成部分，培养德智体全面发展的具有创新精神与实践能力的人才是高等职业教育不能回避的目的，也就是说，不管采取什么样的培养模式，高等职业教育最终就是要把前来求学的适龄青年学生培养成身心健康发展，掌握技术技能，具有较强自我效能感和成就感的应用型人才。这既是挑战，也是使命。

高职院校技能竞赛是实现高等职业教育使命的方法之一，是高职学生锻炼和应用技术技能非常重要的途径。然而，由于学校层面对此不够重视，定位错误，探索与运用力度不够，高职院校技能竞赛的育人价值并没有真正得以发挥。由于参赛门槛过高，评价标准趋向国家大赛标准，高职院校技能竞赛已经成为少数精英的“游戏”。大多数学生只是旁观者，甚至没有参加过任何形式的技能竞赛。即使是参加技能竞赛的学生，也将参加技能竞赛的目的归结于可以为就业增加筹码，参加技能竞赛可以被优待等，在参赛认识与动机上走入了利己性误区。这种认识偏差既源自学生自身的问题，如大多数高职学生学习基础差，学习积极性不高，不热衷学校举办的活动，也与当前高职院校对于校内技能竞赛的错误导向有关。这在一定程度上影响了高职院校技能竞赛的健康发展。可以说，目前高职院校还并未搭建出人人成才、人人出彩、人人参与、人人成功的竞赛平台。

3. 校园资源重叠浪费：竞赛与教学的二元分离

高职院校技能竞赛作为校园内的一种活动，既是一种评价和检验工具，又是教学的有机构成部分。通过技能竞赛，可以评价学生的技能水平，诊断存在的缺陷和不足，也可以判断高职学生是否达到行业、企业对人才的要求。利用技能竞赛，可以使高职院校教学形式多样化，改变过去教师讲授过多，学生动手能力差的情况，从而使技能竞赛成为教学的延伸，有利于推进高职院校的教学改革，提高教学质量。

然而，当前高职院校技能竞赛与教学是脱离的。这种二元分离从竞赛内容上来说，脱离了绝大多数学生的实际水平，与课堂上所教、所学的联系不紧密，高于高职院校日常教学难度，是精英之间的竞赛。从组织形式与管理上来说，很多高职院校针对省级或国家级的职业技能竞赛颁布了技能竞赛管理办法，并由相应部门负责，然而，对于学校校园内技能竞赛，缺乏相应引导与建设，既无明确的管理部门主导技能竞赛，也缺乏常规化的制度建设，更缺乏对教师在教学中如何运用竞赛方法来培养学生技术技能的培训体系，导致教学是教学，竞赛是竞赛，二元化现象明显。有些教师只看到技能竞赛是为预选服务，认为增加了他们的工作负担，忽略了技能竞赛的教学价值。从评价体系来看，作为基层选拔性活动存在的高职院校技能竞赛，其评判标准大多来源于省级或国家级技能竞赛，未能结合所有学生现有水平来制定高职院校内的竞赛评价标准，难以发挥竞赛评价对教学的重要反馈作用。导致高职院校资源的极大浪费，也难以培养高职学生的成就感和幸福感。

### （四）技能形成中的竞赛文化价值

高职院校为了促进学生技能的形成有多种途径和形式，但技能竞赛却是所有形式中最直接的一种形式，让学生直接围绕技能开展活动进行比武，以最直观的结果呈现出学生技能掌握和利用程度，能更快地促进学生专业技能的形成。正因如此，以技能比武为核心的竞赛文化也越来越受到各大高职院校的青睐。

1. 竞赛文化与技能形成的关系

(1)竞赛文化。

竞赛文化是高职院校校园文化的重要内容和特色体现，是指通过学生与学生之间职业技能的比拼来锻炼和提高学生的专业素养和综合能力的一种文化，旨在突出学生的竞争意识，从而达到培养学生的职业道德和职业理想、提高学生的职业技能和职业人文素质的目的。可见，竞赛文化是高职院校校园文化与社会经济文化主动对接的产物。技能竞争是市场经济下岗位就业的最主要特征，大批的求职者为应聘同一岗位而形成竞争关系，其中岗位技能是竞争的核心要素。高职院校要培养能迅速适应社会需求的人才，实现零距离就业，就必须主动引进这种竞争意识，强化学生专业技能训练和综合能力的提升，竞赛文化就这样应运而生。

(2)竞赛文化与高职学生技能形成的相互关联。

竞赛文化与学生技能是相辅相成的关系。竞赛是在学生学习基础课和专业课、具备一些专业知识基础上进行的技能实践活动，良好的竞赛文化能使竞赛活动有序开展，潜移默化地激励学生勤学苦练技能，争先创优，不断促进学生技能的形成、巩固和创新。同时，竞赛结果所反馈的技能教学效果能促进高职院校教学实践环节的完善，间接地促进高职学生专业技能的提升；学生技能的形成又能进一步推动竞赛文化的培育。学生技能的形成和提高会直接提高技能竞赛的水平层次，从而带动竞赛活动安排策划和相关制度的完善，推进高职院校竞赛文化朝着良性的方向发展，形成人人参与、奋勇争先的竞赛氛围。

2. 竞赛文化的技能形成价值解读

竞赛文化作为高职院校校园文化的重要内容和特色文化，其形成和发展对高职院校学生技能的培养有着极大的促进作用。

(1)激励功能。

技能竞赛是建立在学生具备一定专业知识基础上开展的活动，提供给学生将理论知识同实践相结合的一种途径。虽然也通过一些措施进行一定的物质与精神奖励，但是技能竞赛对于学生技能的学习和加深，不仅是一种外在的推动，更是一种内在的引导。通过技能竞赛，给予学生价值实现的路径，满足学生内在的需求，激发学生内心深处的热情和积极进取的心态给选手多重需要的满足，使学生从内心深处产生一种高昂情绪和奋发进取的精神，激发学生对往后的技能学习和形成产生兴趣，提高其学习的主动性和积极性。所以，在技能竞赛文化的这种激励效应的作用下，逐步形成人人争先、不甘落后的良好局面以及尊重人才、苦练技能的浓厚氛围。

(2)实践价值。

从教育内容性质上来看，技能竞赛可以算是高等职业教育实践教学体系的一个重要部分。因此，技能竞赛是在给同学们提供练习技能动作的动机和机会，在学生已经掌握一定专业知识的基础上，帮助学生在实践中做到理论与实际相结合，通过在实践中不断发现问题，并努力尝试寻找解决问题的方案。技能竞赛往往需要一系列技能的综合运用，这样就必然会帮助学生在参与竞赛过程中，主动去对已掌握的多项技能进行回顾和综合，从而培养和锻炼学生的实践动手能力和独立完成任务的能力，做到真正地利用所学技能解决实际问题。所以，技能竞赛文化的形成能帮助学生主动去寻求机会运用知识，接受实践的检验。

（3）创新功能。

技能竞赛所涉及的内容虽然都是学生所学的范围之内的，但是要想在技能竞赛中脱颖而出，则不仅仅是通过技能的机械应用或者技能的简单叠加就可以达到的。所以参加技能竞赛的学生就必须在其参赛项目的设计理念、设计方案、制作和呈现方式上倾注更多的时间和精力，在某一方面上有所创新，从而呈现出与他人的不同之处，尽可能地突显出自己的个性和特色。从这个方面来讲，技能竞赛往往能比出许多创意的火花，不断地更新专业技能的运用方法和途径。因此，技能竞赛文化的形成，能促进高职学生在平时技能学习中开动脑筋，追求卓越和创新。

（4）评价功能。

技能竞赛其本身目的，就是希望能看到学生能利用所学专业知识和技能在竞赛活动中所呈现的效果。所以，技能竞赛本身也可以作为一个评价活动，通过对学生所呈现的结果进行分析、评比，再到结果的公示，最后通过名次和奖励进行强化。这个活动过程实质上就是对学生技能的一个评价，对学生在活动中存在的不足和优秀之处进行点评和分析，让学生明白有待改进的地方和方向，帮助学生在往后的技能学习中弥补不足，不断完善自己。可见，在技能竞赛文化的指引下，能使学生不断在技能运用中自觉对技能运用过程进行审视，做到精益求精。

良性的技能竞赛文化对学生技能的培养和巩固有着不可替代的重要作用，能从多个方面对其产生影响。所以，高职院校必须不断努力构建良好的技能竞赛文化，为学生提供良性的技能竞赛氛围，确保其功能的有效发挥。

### （五）高职院校技能竞赛文化的营造

从目前的情况来看，高职院校还没有形成良好的技能竞赛文化，很多高职院校认为技能竞赛是阶段性的，是一小众人的活动，与非参与者不相关，对于技能竞赛的目标也存在曲解，有的认为技能竞赛是获取职业资格证书的预演，甚至有的将其作为学校的“形象工程”来重点做。这些错误的观点都使得技能竞赛沿着错误的方向开展，也使得高职院校难以在这样的技能竞赛活动中形成良好的竞赛氛围，引导学生在竞赛中获得真正意义上的技能训练和巩固。

1. 要树立全员技能竞赛观，引导全员参与竞赛文化活动

(1)要树立全员参与技能竞赛的意识，要充分利用校园广播、官网、宣传栏等途径大量宣传昂扬进取的技能竞赛文化，弘扬顽强拼搏的竞技精神，从而促使高职学生养成积极乐观、积极进取的思想品质，形成乐于参加专业技能竞技大赛的学院氛围。

(2)要成立由领导带头、部门联动、全员运作的工作机制。相关制度的制定，是确保技能竞赛文化有效培育的重要保证。成立由领导带头、部门联动、全员运作的工作机制，各部门分工明确并有序开展工作，给技能竞赛文化活动的开展提供支持和保障，为技能竞赛活动创造良好的条件，确保各项技能竞赛获得圆满成功。如学校可设立专门的技能中心，主要负责学生专业技能培养工作，制定学生技能培养计划，负责学院技能竞赛活动安排等。

(3)教师作为教育工作的主体，应成为竞赛活动不可回避的主角。教育是一种双边活动，学生和老师是教育活动的双主体。技能竞赛作为学校的重点工作，也需要老师们的积极参与。近年来，高职院校通过各种途径加强“双师型”教师队伍的建设，鼓励教师参与技能竞赛就是一种自我学习的途径。目前，针对教师的技能竞赛活动也是层出不穷，比如说专业竞赛、说课大赛、教学设计大赛、微课比赛等，不管是教师自己参加各种技能竞赛活动还是指导学生参加技能竞赛，教师自身都会得到全面提升。

2. 搭建多层次平台，开展形式多样的技能竞赛活动，促使竞赛活动常态化

文化因其隐匿性和习以为常的特征，往往会淡出人们明晰意识的感知范围。也就是说一种活动只有真正做到常态化，渗透在工作和生活中，才可能真正称之为文化。因此，要营造高职院校技能竞赛文化，就必须搭建多层次平台，开展形式多样的技能竞赛活动，促使竞赛活动常态化。

(1)社团活动往往是最活跃的一种形式，依据不同专业可以成立相对应的社团，如科技社团、电子信息服务社团等，这些社团都是由学生因兴趣爱好相

投而自发形成的，其本身有不断深入研究专业技能的内在动机，只要专业导师稍加指导和监督，就能在其自己专业技能上有较大的进步，也会不自觉地举办此类关乎自己专业技能的竞赛活动，这样就能用较少的成本取得较好的效果。

(2)各系部承办的全校性的技能竞赛，如全校性计算机程序设计大赛等，这类活动规模大，往往能达到群英汇聚的效果，参与此类活动也能带给参赛者更多的精神奖励，更容易激起学生参与的积极性。此外便捷开放实验室，使学生随时能进入实验室进行练习和为技能竞赛做准备，可帮助学生在日常学习中就形成注重技能训练和创新的学习氛围。

(3)学校可以充分利用自己的社会资源和校友资源，努力争取承办省级、市级或者行业协会的技能竞赛活动的机会，使学生能有机会与社会中的在岗职工在同一平台进行竞技，在切磋中对比校园人才与社会人才的差距，调整学校专业技能教学的方向和重点，更好地与社会和经济发展相适应，培养出更多适销对路的高级技能型人才。

3. 形成“以赛促学、以赛促教”的良性循环，全程化营造竞赛文化氛围

学院都应该对所有参加竞赛准备工作的人员进行目的和意义的准确介绍，要将技能竞赛看成一种教育活动，竞赛只是为了展示自己和提升自己，不要让技能竞赛变成一种获取功利的工具，要本着“重在参与、实在发展”的原则，使全院上下对技能竞赛形成正确的价值观。形成“以赛促学、以赛促教”的良性循环，全程化营造竞赛文化氛围。

(1)要明确技能竞赛文化培育的方向。

针对这一项，学院要组织召开专门的会议，认真探讨技能竞赛文化建设的目标和思路，制定出项目建设计划，为后期技能竞赛文化的培育工作提供指导作用。同时，积极寻求与企业文化的对接，引入企业先进文化，也可组织召开技能竞赛动员大会、经验交流会、座谈会等，请之前技能竞赛中获奖的同学谈经验或者经验丰富的评委对技能竞赛的一些要求进行交流等，从而激发学生在日常学习中认真钻研专业技能的积极性。

(2)要健全技能竞赛的激励机制。

要制定一系列的物质奖励和精神奖励，引导教师和学生积极参与到技能竞赛中来，比如学生参加技能竞赛获奖的可以给予一定的奖金，颁发具有纪念意义的奖杯、荣誉证书等，在学生评优选先过程中优先考虑，作为学校优秀学生

进行宣传等。对于教师而言，可以将参与技能竞赛这一项纳入绩效考核，在职称评定、出国培训等过程中优先考虑。然后，将常态化的技能竞赛作为教学质量监控的有效手段，建立学院引导、二级学院为主的技能竞赛制度，定期开展专业技能竞赛活动，使技能竞赛成为各系、各专业学子开阔视野、展示才能、交流学习的平台和展示学生风采、凝聚学习热情的重要载体，激励学生苦练技能、奋发成才。

(3)要制定学生技能指导的导师制。

指定专业老师担任学生技能竞赛和技能创新的导师，不定期给高职学生提供技能指导和解答相关疑问，使参与技能竞赛活动的学生始终都在导师的引领下稳步开展参赛计划。

(4)要针对教育厅发布的各专业技能抽测标准改革专业课程体系。

突出专业技能的教学，各系、各专业将标准规定的能力、素质要求融入人才培养方案和专业教学过程，将技能抽查题库中的项目作为课程项目(任务)考核的基本载体并按照考核标准进行评分。通过这些制度的制定，确保高职学生有途径并且有能力参与技能竞赛文化活动，并在活动中尽情地展现自己的想法和创意。

竞赛文化也是一把双刃剑。因此，我们应该引导竞赛文化进入正面价值诉求，规避不良消极影响，促进竞赛文化成为技能形成的推动器。通过将技能竞赛常态化、全程化和全员化，树立正确的技能竞赛观，使学生从不自觉的被动应付转变成主动投入和自觉参与，发挥竞赛文化的技能形成价值，从而培育出以高职学生技能形成和个性完善为共同愿景的高职竞赛文化，并进一步丰富学校文化的内涵，有力提升高职院校的教育质量。事实上，只有当竞赛涵盖在高等职业教育教学的全过程之中，涵盖在学生技能形成的全过程之中，被明晰的竞赛意识所“遗忘”的时候，竞赛文化才真正告别“谈论”的层面，成为技能形成重要的促进因子。

## 二、高职院校“教学—竞赛—考证”三维一体技能竞赛模式构建

高职院校教学、竞赛、考证三者彼此分离、各自为营，未能实现资源的合

理利用和合力，不利于高职院校实现高效的治理。为解决这一问题，从技能竞赛角度，探索“教学—竞赛—考证”三维一体技能竞赛模式，对高职院校治理结构的构建有十分重要的意义。其基本内涵以及保障条件都是创设高职院校人人能够成才的治理环境不可回避的因素。

随着国家对高职院校建设的高度重视以及当下人才市场对毕业生素质要求变更的迫切需求，传统高职院校竞赛模式面临着巨大的挑战。高等职业教育的课程体系把学生职业技能竞赛项目的训练内容、学生考取职业资格证书的课程培训内容与实践教学体系中的实训项目结合，探索三维一体的竞赛模式是高职院校教育教学改革的构成部分。

### (一)构建高职院校三维一体技能竞赛模式的必要性

1. 高职院校多元化办学需要三维一体的技能竞赛模式

随着社会经济的快速发展，市场需求对从业人员的要求愈来愈高，将职业教育推向到多元化、实践化，以及标准化的道路。具体来说，多元化体现在职业院校的教学上，由多元化的教学目标、教学内容、教学手段、教学评价等构成。实践化的职业教育则常是以各种技能大赛的形式呈现，尤其是高职院校内部技能竞赛有利于检验学生的应用操作能力，让学生在模拟情境中发挥所长，是高水平的技术学习。职业教育的标准化则是建立在越来越规范的考证制度上，以各种资格证书或者行为规范确立从业者的职业素养，是高职院校获得社会承认必须要面对的检验机制。

但是，在现实中，教学、竞赛、证书三者的有机结合却并未受到足够的重视，三者并未达到一个平衡点，实现取长补短的效果。事实上，通过高职院校内部的竞赛衔接教学与考证，能够有效地利用多方条件实现高等职业教育教学多元化，提高高等职业教育质量。

2. 高职院校学生自我完善需要构建三维一体技能竞赛模式

教学、竞赛、证书三者对于每一个高职学生来说，是其学习生活中必然要经历的事情，是满足职业院校学生知识、技能、态度价值观培养的重要途径，能使学生在获得知识与技能的同时，有一种职业认同感和正确的自我认知。通过技能竞赛来衔接，构建立体式的竞赛模式，有利于高职院校学生自我效能的充分实现。

### (二)三维一体技能竞赛模式的内涵

三维一体技能竞赛模式，首先是一种服务于竞赛需要的模式，是将教学、考证与竞赛相融合的一种实施技能竞赛的方式，目的是真正实现高职院校技能竞赛的常态化、全程化和全员化，为“人人能成才”“人人能参与”理念的实现提供一种有效途径。具体来说，这一模式包括以下内涵。

1. 融竞赛于教学之中

《国务院关于大力发展职业教育的决定》指出：“大力推行工学结合、校企合作的培养模式。与企业紧密联系，加强学生的生产实习和社会实践，改革以学校和课堂为中心的传统人才培养模式。”三维一体的技能竞赛模式，就是要在日常教学中运用竞赛的方法，使竞赛落实于教学活动之中，从而常规化。事实上，将技能竞赛融入教学之中，探索运用技能竞赛的教学方法与手段，不仅可以提高学生的学习热情和效能，还可以提高教师的教学水平，形成具有职业教育特色的教学模式。

2. 技能竞赛要体现教学与考证的内容与评价标准

技能竞赛不仅是一种服务于省级或者国家级大赛的预备选拔活动，而且是高职学校文化的应然构成部分，是学生学习活动延伸、丰富校园文化的形式与手段之一。在学校组织的技能竞赛中，组织机构、竞赛内容与评价标准、激励手段要与教学活动相关联，与职业资格证书考试相关联，从而实现高职院校资源的有效利用。要按照教学、竞赛训练、职业资格证书培训三者一体化来设计教学计划，将三者的课程、师资、训练、考核有机地统一起来，资源共享，形成合力，以此提高人才培养质量。

3. 技能竞赛是考证训练的手段之一

职业资格证书制度的推行，要求高职院校加强学生的考证工作，更好地获取进入相应职业资格的通行证。《国家教育事业第十二个五个规划》提出，“建立现代职业教育体系”“建立开放沟通的职业教育学历、学位和职业资格证书制度”“推进学历证书和职业资格证书‘双证融通’”。在这个过程中，高职院校技能竞赛要发挥考证训练的功能，服务于考证需要。

### （三）高职院校“教学—竞赛—考证”三维一体技能竞赛模式实施

高职院校技能竞赛不仅仅是检测高职学生技能掌握情况的一种方式，更是高职院校培养学生职业素质的一种手段。构建“教学—竞赛—考证”的新型技能竞赛模式能真正提高技能竞赛在人才培养中的地位，真正成为促进培养质量提升的助推器，这种将教学、考证与竞赛相融合的方式，实现盯住岗位，瞄准证书，对接课程，借助赛项，促进学生知识能力素质同步提高，目的是真正实现高职院校技能竞赛的常态化、全程化和全员化，为“人人能成才”“人人能参与”理念的实现提供一种途径，从而培育高职院校良性的技能竞赛治理环境。对高职院校技能竞赛来说，有了良好的模式设计，更需要注重实施。

1. 注重营造学科技能竞赛氛围

学校要高度重视校内技能竞赛活动，尤其是营造结合学科来实施技能竞赛的氛围，通过技能竞赛月及实习前技能强化考核周活动，面向全校学生，经预赛、初赛、决赛层层选拔，掀起全校多专业多学科技能竞赛热潮。学校也可借助于学生社团组织学科技能竞赛活动，将学科技能竞赛融于学生的日常生活之中，从而有利于保证竞赛活动常态化。在这个过程中，学生通过技能竞赛激发自身学习专业知识及技能的兴趣，逐步在校内形成“勤练技能、学精技能”的竞赛氛围，从而培养高职学生的成就感和幸福感，

2. 在日常教学中引入竞赛机制

高职院校技能竞赛是整个高等职业教育教学系统中的一个子系统，与其他子系统之间是相互联系和制约的，从竞赛活动中收集到的反馈信息能够反观整个高职院校的教育教学活动。应树立“以赛促教”的技能竞赛观念，将技能竞赛与高职院校日常教学结合在一起。

将技能竞赛内容渗透到日常教学中，运用竞赛作为组织教学的方式之一。这种渗透表现在理论课程中有技能竞赛的内容，运用技能竞赛的方式，从而提高理论课程的教学实效，同时在符合教学大纲的前提下，调整部分实践课程内容，保留和完善与工作岗位需求贴切的实训项目，补充与竞赛项目吻合的实训操作，学校可以将校内竞赛过程制作成短片，作为学生实验、实训教学的视频材料，实现实训教学借助技能竞赛，技能竞赛提高实训教学质量的效果。高职院校应经常聘请与专业挂钩的公司或单位的技术骨干来学校指导实训操作，并

选派专业指导教师和参赛学生到上述单位强化训练，以进一步提高操作技能，实现教学与就业岗位的零距离对接。

高职院校要注重“以赛促学”。各高职院校在学生入学教育时就应全面地向学生介绍学校的技能竞赛体系，在组织技能竞赛前，应面向全体学生做好宣传发动工作，让更多的学生通过大赛受益。一般来说，竞赛活动比较适合分年级进行。学校必须建立和完善相应的保障机制，建立技能竞赛的激励制度，要鼓励专业教师积极参加竞赛的指导工作，教师指导竞赛工作作为教师教学工作量认定，同时也作为教师评奖评优、职称评聘的依据。

3. 实现三维一体的课程对接

长期以来，高职院校忽视了教学、竞赛和考证的内在联系，教学由课程计划支配，考证则是由发证机关负责，高职的课程体系虽然有涉及考证内容，但不完全服务于考证需要，竞赛呢，则是成为荣誉之战，高精尖，难度大，少数人参与的“游戏”，未能接地气，“平民化”，与高职院校的课程体系偏离得更多。这一方面导致了资源的浪费，另一方面，增加了教师与学生的负担。事实上，在高等职业教育运行机制之中，课程体系居于中心地位。“教学—竞赛—考证”三维一体的竞赛模式需要借助于课程体系来串联起教学和考证，并将竞赛融入前二者之中，三者都是在现有课程体系框架中发挥作用。

“教学—竞赛—考证”的课程对接主要是指专业课程的对接，针对岗位群的职业特性，根据业务中的典型工作任务和职业能力标准，以及完成工作任务所必备的专业核心能力、专业知识、专业技能、职业素养等来开发设置专业课程。专业课程与职业资格考证相对接，根据岗位的实际要求和职业资格证书内容要求来设计专业课程内容，并以技能竞赛方式培养学生的技能水平。教学围绕课程目标和课程内容来展开，竞赛是实现课程目标的手段，服务于教学和考证需要，教学需要运用竞赛来达成课程目标，考证是则发挥着检验竞赛效果的作用。

在构建专业课程体系时，既注重实践教学环节理论教学环节的有机联系，又注意避免实践教学对理论教学内容的过分依附，使实践教学具有相对的独立性，努力构建“教学—竞赛—考证”深度融通的实践教学体系，做到理论与实践相结合，实践能力培养贯穿教学全过程。

4. 构建三维一体的评价体系

任何竞赛都需要相应的评价体系，这是毋庸置疑的，尤其是评价标准会直接影响活动的效果以及学生对技能竞赛的价值判断，因此，确定高职院校技能竞赛评价标准更要谨慎。长期以来，我国高职院校技能竞赛的评判指标多是直接套用省级或国家级技能竞赛的，没有形成具有高职院校内部竞赛的，具有学院特色的评价指标，更别谈与教学评价、职业资格证书评价相衔接的评价体系。

三维一体的评价体系就是要实现高职院校技能竞赛与日常教学评价体系、职业资格证书评价体系的统一。

首先，评价指标的内在统一。技能竞赛要结合教学评价与职业资格证书评价内容，竞赛服务于教学和考证，这有利于教学改革的深化，有利于学生获得从业资格证书，更有利于高职院校技能竞赛的积极开展，从而发挥评价内容全面考核高职学生职业技能的作用。

其次，评价标准的无缝衔接。教学，竞赛和考证作为三种独立的活动，各有特色，评价标准上会有所差别，特别是考证，不能由 高职院校支配。三维一体模式的实现保证三者独立性的同时，尽力实现评价标准的衔接。可以由行业企业专家、职业技能鉴定专家、专业教师和竞赛组织者共同开发制定竞赛评价标准，既要贴近学生实际水平，以激发学生技能学习兴趣为出发点，又要与考证评价标准相适应。

评价方式的借鉴融合。教学评价与职业资格证书考试有其自身的评价方式，特别是当前的高职院校教学评价方式备受批评，打上了单一机械的标签，纸笔化和终结性评价色彩明显，过多的考查学生的记忆力要素，与职业教育强调技术技能操作的培养要求不相吻合。事实上，高职院校可以借鉴技能竞赛的评价方式，应该注重竞赛规程及考核方式与常规教学组织及考核方式融合。将技能竞赛项目与考核评价细则进行必要的改造与嫁接，移植至专业课程的项目化教学是实现技能竞赛与高职人才培养相融合的有效途径，同时，结合课程教学中的技能竞赛和课程期末成绩共同作为该课程的考核成绩，实现赛考融合，完善了现有的课程考核体系。另一方面，积极推动形成性评价，实现竞赛与职业资格证书的融合。我们完全可用职业竞赛的成绩作为颁发职业资格证书的一个评判标准，让竞赛者通过技能大赛既提高了职业技能水平，又取得了大赛证书和职业资格证书，实现赛证融合。当然，这种改革需要多方力量的配合才能实现。

5. 提高高职院校教师素养

“教学—竞赛—考证”三维一体竞赛模式强调衔接、融合，这对高职院校教师提出了更高的要求。在教学中，要能够运用竞赛的教学与评价方法，在竞赛中，要能够分析学生未来职业资格证书考试的需要。这与过去单一的从事教学、竞赛和考证辅导是完全不一样的设计。要达成这一模式的初衷，高职院校要加强对教师的培训，形成定期培训制度，“请进来”“送出去”，提高教师的基本教学技能和实践操作技能，同时，教师通过指导学生的技能竞赛活动，提高自身的技能水平和教学质量。

总之，“教学—竞赛—考证”三维一体竞赛模式为创设高职院校积极有效的内部竞赛文化服务，实现教赛结合、赛考结合，有利于真实考察高职学生的职业技能水平和岗位适应能力，改变长期以 来职业竞赛只是作为一个零散的、片断的环节而存在的状况。

## 三、高职院校技能竞赛的优化路径

高职院校技能竞赛要实现技能竞赛的常态化、全程化和全员化，要将技能竞赛融入教学活动、高职学生职业资格考试活动中，真正发挥高职院校技能竞赛评价与检验学生与教师教学，搭建学生成才平台，优化高职教学改革的作用。

### （一）全员参与，奠定育人价值的立足点

高职院校技能竞赛作为高等职业教育活动的重要组成部分，要想充分发挥育人价值，改变其省级或者国家大赛附庸的状态，必须坚持全员参与，需要动员学校各方面的力量一起努力。职业教育学生不是被遗弃者与失败者，而是因为不适应应试教育制度。这就要求教育模式与制度为他们改革和创新，设计适合每一种类型孩子成长的育人模式，让每一个孩子都成为有用之才。这不仅要求全体高职学生都要参与到技能竞赛活动中去，还要求所有任课教师和相关学校管理部门具备竞赛意识，承担相应的责任，要研究高职学生成才的基本规律，精心规划和设计不同水平层次的学生可以参加的技能竞赛活动。

事实上，这种全员参与体现的是“人人皆可成才”的精神内核，并以此观念指导技能竞赛活动设计和举办，纠正高职师生对于技能竞赛的片面认识，让高职技能竞赛不再只是一种简单的预选性质竞赛活动，而是让学生“人人出彩”的新平台，让更多的学生亲身体验竞赛带给他们的成就和荣誉，从心理上激发他们学习的原动力，极大地提高他们的学习积极性和主动性，最后达到提高学生的综合素质以及强化技能教学的效果。

### （二）以赛促教，构建“教证赛”一体化的竞赛内容

任何规模较小、层次较低的部分子系统都可以反映出规模较大、层次较高的整体系统信息。高职院校技能竞赛是整个高等职业教育教学系统中的一个子系统，与其他子系统之间是相互联系和制约的，从竞赛活动中收集到的反馈信息能够反观整个高职院校的教育教学活动。应树立“以赛促教”的技能竞赛观念，将技能竞赛与高职院校日常教学结合在一起，首先要构建“教证赛”一体化的竞赛内容。

高职院校技能竞赛要谋求其应有的地位，必须要结合高等职业教育培养目标，在竞赛内容上结合职业资格证书制度和专业教学内容，并要注意与省内外各级技能竞赛接轨，这样才能保证其常态化，同时又不会增加教师的教学任务和学生的学习负担。

从操作实施来说，可以根据教学大纲，结合职业资格考试具体内容，筛选学校技能竞赛内容，确定各专业技能竞赛所必备的理论知识体系和技能操作。同时，根据教学进度，划分学校技能竞赛层次、设计技能竞赛项目，如将技能竞赛层次划分为基本技能、专业技能和综合技能三个层次。其中，基本技能层次强调专业基础理论知识和简单操作技能的掌握，专业技能层次较之基本技能不管是在基础理论还是在技能操作方面都要更深一步，综合技能类的技能竞赛则是注重学员综合素质、技能的掌握，解决实际问题的能力。另外，为了缩小高职学生实际水平与岗位要求的“距离”，技能竞赛的设计者们可以依据现实工作岗位的工作需求并结合日常教学内容，设计一些适用性比较强但又没有完全离开学生现有水平的技能竞赛内容。

### （三）课内课外结合，实现竞赛平台多元化

搭建多样化、多途径的竞赛平台是实现高职院校技能竞赛回归校园，服务

全体学生的途径，结合课程教学搭建课内技能竞赛平台。教学活动与技能竞赛活动是高等职业教育活动的两个组成部分，虽然两种活动的开展看上去没有过多的关联性，但是最终目的相同，都是为了促进学生技能学习而开展的。课堂教学是高职院校内技能竞赛最好的平台。应将技能竞赛纳入专业教学工作计划中，让专业教学活动不再只是停留在传统的知识传授，还能以竞赛的形式来优化教学活动。课堂内的竞赛活动为非预选性质的技能竞赛在教学活动中定期开展，使技能竞赛在高职院校常态化，能够有效改变只有少数师生参赛的竞赛局面，让更多的学生和教师参与到竞赛活动中来，让技能竞赛渐渐成为学生成才以及教师自身专业发展的重要平台。同时，教师也要积极探索课程教学过程中的技能竞赛形式。

利用多种力量实现课外竞赛平台多元化。将省级或者国家级大型技能竞赛活动的各个环节做相应的删减、变革，形成具有高职院校特色的竞赛活动，鼓励全校师生参与。除了学生处、团委等组织针对课堂所学知识开展的技能竞赛以外，也可依托各种社团与协会联合企业开展各种小型竞赛、义务活动和知识宣传活动。此外，还可以联合合作企业开展技能竞赛，如教师集体分析某一项目，结合企业要求将项目转化成一些较之日常教学稍难些的竞赛内容，让学生们自行组队，进行竞赛。开展这些活动能很好地激发学生潜能以及创造力，也让竞赛不再局限于简单的技能考核。

## 四、高职院校校内技能竞赛保障条件构建

《国务院关于大力发展职业教育的决定》指出："加强职业院校学生实践能力和职业技能的培养，高度重视实践和实训环节教学"。实现这一要求，必须要借助于相应的平台，而技能竞赛是重要的平台之一。对于技能竞赛，尤其是全国技能大赛，各个高职院校都不陌生。但是，对于高职院校来说，实现全面提高高职生职业技能的目标，最需要重视的却是校内技能竞赛。

高职院校校内技能竞赛是技能竞赛的一种类型，是以高职院校为主体，依据专业教学标准、技能训练标准和国家职业资格标准，结合自身学校发展特色、学生实际情况而开展的常规性、全员化竞赛活动。通俗地说，就是高职院校所举办的，纳入高职院校日常工作范围的，学生全员参与的竞赛活动，是一

种普适性、全员式的校内竞赛，是具有文化辐射力和影响力的竞赛。对于这种技能竞赛，高职院校还需要加强探索与研究，从而真正发挥其价值。

### (一) 高职院校校内技能竞赛的功能

高职院校技能竞赛作为学校文化活动中的一部分，它不仅仅是检测高职学生技能掌握情况的一种方式，更是高职院校培养学生职业素质的一种手段。

1. 引导方向

首先，引导高职院校学生为达到一定竞赛目标而努力。高职院校技能竞赛组织者通过技能竞赛内容和评价标准体现其竞赛目标，也是对于参赛者需要达到的要求，这种要求事实上也是参赛者未来职业生活中需要具备的能力与素质。

高职学生通过认识竞赛、参与竞赛和评价竞赛过程了解和同化了这些要求，为学生今后的学习提供了努力的方向。其次，为高职院校教育教学改革提供方向，主要体现在技能竞赛内容的确定。技能竞赛内容除了要依据其相关的理论基础以外，还需结合当前行业、企业新技术，岗位新要求。这就要求高职院校不断改进教学内容，适应企业、行业新需求。

2. 评价发展

高职院校校内技能竞赛具有重要的评价作用。通过技能竞赛可以检测高职院校内全体学生技术技能水平，并为教育教学改革提供重要依据。从教学质量方面来说，高职院校技能竞赛既可以对参赛学生实际技能掌握情况进行评价，也可以诊断出其缺陷部分。同时，对某一个时段整个学校技能教学质量进行评价，诊断出其存在的不足。从职业资格方面来说，高职院校技能竞赛可以判断参赛学员是否达到行业、企业对人才的要求，然后进行相应的改进、优化，从而真正促进高素质人才的培养。

3. 激励促进

成功智力理论提出每个人都有想取得成功的渴望，适时的外部刺激能够激励个体奋发向上。技能竞赛作为比赛，必然存在竞争与评比，这种评比及其结果就是一种刺激，是可以发挥出激励作用的，关键在于，高职院校需要创建一种良性的技能竞赛文化，要从竞赛设计，实施及结果运用上激发学生技能学习兴趣，并积极踊跃地参加各种竞赛活动，而且对于提高整个学校的学生技能水平具有很好的促进作用。要有利于激发学生的自我效能感，从而实现“人人能成才”、“人人能参与”。

4. 选拔示范

高职院校校内技能竞赛主要宗旨是人人参与，人人成才，与此同时，不可忽视的是它也具有选拔的作用。通过校内技能竞赛活动选拔优秀学生参与全省、全国技能竞赛，并由此获得相关荣誉。这不仅证明了自己的技能水平，也间接的为学校争取到了荣誉，在一定程度上宣传了学校，为学校今后发展起到一定推动作用，同时，也可以发挥一定的示范和激励作用。

## (二) 高职院校校内技能竞赛保障条件存在的问题

从当前高职院校技能竞赛的发展状态来看，还未能真正创建出“人人成才，人人参与”的技能竞赛文化，也未能全面发挥高职院校校内技能竞赛的功能。笔者认为实现高职院校校内技能竞赛的作用必须建立相应的保障条件，否则，只能是纸上谈兵，画饼充饥。目前，从保障条件角度来看，存在的问题主要表现在以下方面。

1. 基础条件不够

高职院校技能竞赛活动中，有许多技能竞赛类型是需要机器辅助的。要想高职院校技能竞赛在项目设计、竞赛内容设置上紧跟市场的步伐，须要求高职院校要拥有坚实的硬件条件。而目前许多高职院校存在着办学基础条件差、实训基地建设落后、设备更新慢的现象，同时企业对高职院校级别的技能竞赛活动参与度不高、支撑力度不够，导致高职院校技能竞赛举办的形式多停留在理论知识和简单技能操作方面，导致高职院校难以广泛开展类型多样，内容丰富的技能竞赛活动。

2. 技能竞赛组织管理不完善

一项活动从设计、实施和总结都离不开有效的组织管理。各个环节的顺利与否都直接影响整个活动举办与开展的成败。当前，技能竞赛从项目设计、组织实施和结果反馈等方面还没有形成良好的业务流程和工作分配，如在竞赛管理组织结构的设立方面，有的高职院校没有专门的管理部门，竞赛工作一般都是教务处负责，有的高职院校虽然设有相应的部门，但在职责划分方面不够明确，内容太多且笼统，这不利于竞赛组织管理工作的开展。同时，相应的制度建设滞后，很多高职院校颁布的技能竞赛管理办法、竞赛制度多是针对省级或国家级的职业技能竞赛，关于高职院校自己举办的相关竞赛管理内容却是少之又少，这严重影响到高职院校技能竞赛顺利实施。

3. 欠缺竞赛教师指导团队

技能竞赛成败与教师的指导是分不开的。高职院校现有师资队伍情况与技能竞赛需求的匹配程度是影响高职院校技能竞赛质量高低的重要因素。一般参加省级或国家级技能竞赛活动都有专业教师组队、培训，带队参加。然而，学生参加高职院校学校层面的各种技能竞赛活动，专业教师给予他们的帮助比较少，这直接影响了高职院校校内技能竞赛的效果以及学生的积极性。

## (三)高职院校校内技能竞赛保障条件的完善策略

针对高职院校校内技能竞赛保障条件存在的问题，笔者认为应从以下方面着手，完善保障条件，实现技能竞赛的功能。

1. 高职院校应积极营造良好的技能竞赛“软环境”

高职院校校内技能竞赛在一定的文化环境中存在，也是高职学校文化的构成部分之一。良好的软环境是技能竞赛得以广泛使用并发挥作用的必备条件。所谓“软环境”是高职院校内部无形的文化、社会和学生心理因素。这些因素发挥着潜移默化的作用，让高职学生耳濡目染，从被动到主动参与技能竞赛，并从中获得巨大的成就感，特别是竞赛文化的创设是软环境建设的重中之重。竞赛文化一旦形成，就会在技能竞赛的组织实施过程中形成一种积极向上的竞赛氛围，让技能竞赛成为一种平台，想干事的有机会、能干事的有舞台、干成事的有地位，真正做到人尽其才、才尽其用，营造尊重技能、尊重创新、尊重人才的良好文化氛围。

竞赛文化的创设需要高职院校从学校层面统一规划，从竞赛制度、组织实施到评价形成完整的体系，从而引领竞赛文化的生成。当然，这种生成是需要较长时间的。需要注意的是，要以激发学生学习兴趣为基础，避免那种功利、扭曲的文化。

2. 高职院校应提供技能竞赛所需的“硬环境”

竞赛设备、场所是构成技能竞赛“硬环境”的主要因素。大到技能竞赛举办的场地，小到不同性质竞赛所需的相关设备，都是技能竞赛“硬环境”的重要组成部分。高职院校技能竞赛活动中大多数竞赛的开展都需要依托一定的物理环境和特定的机械设备。这些条件需要高职院校来提供，否则，所谓的竞赛文化构建就会成为空中楼阁，通过技能竞赛提高高职学生技能水平的目标也就难以实现了。

在硬环境的创建过程中，需要注意的是技能竞赛的物理环境的建设要与现实职业环境相似或相同，让他们感受自己现有的和实际需要之间存在的差距，有利于今后的学习。同时，注意竞赛所需设备的更新。高职院校技能竞赛的举办不只是要检测学生技能掌握的情况，还要向学生宣传新技能、新技术的发展。这样避免学生与市场脱离，局限于课堂教学中，开阔学生视野。

3. 构建优秀的指导教师团队

技能竞赛不仅有利于学生技能操作的培养，也有利于教师实践教学水平的提高。同样，技能竞赛成绩体现的不仅是学员的技能水平，也反映了整个学校专业技能教学水平。然而，当前技能竞赛有走入“精英教育”“应赛教育”误区的趋势，高职院校对校级技能竞赛关注比较少，更谈不上组织赛前的专业培训或指导。事实上，学生在技能竞赛中取得良好的成绩，除了自身专业知识、专业技能扎实以外，还与其日常课业学习离不开，与教师的教学理念，教学水平以及专业指导分不开。

因此，高职院校必须要着力解决指导教师团队问题，为所有学生积极投身校内技能竞赛提供最基础的人力资源保障。具体来说，首先要对每个系部教师进行充分了解，将所有专职、兼职教师所教课程、经验、年龄等方面的内容进行分类组队。其次，将整个系部学生按照年级和现有技能掌握水平进行划分，形成一、二、三年级学生分组组成学生团队。形成高年级带低年级、技能水平高带技能水平低的混合学生团队。同时，确定教师指导团队所负责的学生团队。第三，制定竞赛教师指导团队工作细则，将竞赛教师指导团队指导竞赛情况纳入教师考核体系中，以此促使团队教师对于工作的重视，并在指导团队间形成竞争氛围，激励教师自身发展。最后，定期召开竞赛教师指导工作会议，交流各自指导经验以及针对竞赛活动进行跟踪、调研，为改进教育教学方法打下坚实的基础。

4. 完善技能竞赛激励机制

技能竞赛具有评价的功能，必然需要相应的激励手段，从而保证参与者的积极性。如何合理地构建激励机制，对于高职院校来说还需要进行更多的探讨，毕竟，校内技能竞赛的目标是形成日常化、全体化的人才培养平台，而不是国家大赛那种少数人参加的竞赛活动。因此，在比例上要合理设置。如果获奖概率大则参赛选手对于奖励的重视度就会下降，无法激发参赛选手积极争取的动机。如果获奖概率太少，这表明奖励的价值很高，但是获奖人数会下降，激励价值也就不高。同时，要注意个人激励与团队激励相结合。可以从高职学生技能竞赛的项目设计、组织、实施等方面，选出若干技能比赛个人和团队，对于在比赛过程中认真负责、指导效果好的教师或团队给予奖励，这有利于教师指导团队的建设。最后，激励应符合被激励者的心理需求。奖励的吸引力是激发一切活动最关键的因素。在奖励的形式上要同步使用物质和精神激励。

# 第七章
# 高职院校内部治理改革视角下的品牌建设

随着高等教育的普遍化和大众化，高职院校学生们面临的不再是“上学难”，而是出现“择校难”的局面，学生和家长选择学校往往注重学校的名气。与此同时，产业转型升级不仅对企业的创新发展提出新要求，对高等职业人才培养同样提出了新的要求。产业升级在促进企业产品品牌提升的同时，也为职业教育品牌建设提供了新的发展契机和平台。如何从高职院校治理层面去促进品牌建设，对学校的快速发展将起到重要的指导作用。

## 一、教学治理视角下的单独招生问题审视

“单招”是高职院校特有的招生模式，参加“单招”考试是高中毕业生的重要选择之一，单招生培养与管理问题逐步成为高职院校提高教育质量建设的重要内容。2006 年，我国启动了建设示范性高职院校的工程，并逐步由这些院校试行单独招生。目前这个工作取得了很多成绩，当然也还存在一些问题。如果不加以解决，单独招生的实效将受到影响，不利于我国高考招生制度的改革和高等职业教育的发展。

### （一）高职院校品牌吸引力有待提高

单独招生过程中所存在的问题，有很大一部分都是由于高职院校自身因素引起的。

1.“软实力”吸引力有待提高

所谓高职院校的“软实力”是指其专业设置、教学模式、课程设置与改革等方面的内容。这些要素最能体现高职院校自身的办学特色，也是高职院校不断发展、壮大的支撑点，是保证培养出质量过硬人才的重要手段。

高等职业教育的培养目标决定了它的起点和归宿是应用，因此其课程体系及教学模式强调的应是理论知识的应用，而且它要为技术应用能力的培养做准备。高等职业教育的专业设置、教学模式、课程体系等软件设施都必须为培养高职学生的就业能力与素质服务，必须根据职业群及岗位的要求进行设计，保证人才培养的质量。只有人才质量得到保证的前提下，其办学质量才有足够的支撑，才能拥有广阔的生源，才能吸引更多的人报考高职院校，参加单独招生。

但是，当前还有不少高职院校，哪怕是示范性高职院校的教学模式大多数还是以课堂为中心、以教材为主的教学模式，课程体系仍然没有摆脱以往学科性的束缚，盲目追求知识的连贯性和完整性，这样就无法体现出高职应有的职业性特点，无法实现高等职业教育培养应用型技能人才的目标，更无法体现示范性高职院校的“示范性”功能。职业教育的职业性特点要求教学模式、内容以及课程要能够跟上岗位的变化，要能做到吐故纳新。然而，目前高等职业教育的教学内容、课程设置等基本上是大学本科的翻版，许多岗位所需的新知识和技能没能及时纳入教学和课程体系中，使得学生无法及时习得、掌握新科技成果，其实际工作能力、岗位适应能力不能满足企业的需要，也不能满足学生的实际需求。

2. 实践教学条件更新缓慢

高等职业教育是为了培养高等技术应用型人才，所以相对于普通高等教育来说更加重视对学生实践能力和技术、技能的培养。实践教学是高等职业教育的主要特色之一。需要具有先进设施、设备的实验实训基地，丰富多样的广阔的适合各个专业的实习实训场所。由于现在的科学技术日新月异，为了培养出能够掌握新知识、新技能的人才，必须对实训基地的设施、设备进行及时的更新，这样学生所学到的知识、掌握的技能才不会过时、老化，进入社会中从事相应的工作才不会被淘汰。

当前，高职院校相比较以前，其硬件已经有了一定程度的改进，很多高职院校在不断改善办学条件，补给实验实习设备等。然而，大部分高职毕业生还是不能立刻或者完全胜任职业岗位工作，思想水平和业务能力的适应性不够，必要的技能和技术训练不够系统和规范。

这主要是因为高职院校的实践教学过分依附理论教学，没有建立相对独立的实践教学体系。校内实验室和实习、实训基地建设没能跟上时代步伐，设备更新速度缓慢，现代科技含量不高，没有形成教学、科研、生产相结合的多功能实验室和实训基地，同时，校外实习实训基地缺乏稳定性等。除此之外，资金是实践教学改革面临的障碍之一。购进现代化的实验设备，机器的保养、维修，建立实验、实训的场所都需要场地和资金，这些都不是小数目。

3. 师资队伍建设不理想

教师是教学活动的主体，是实现教学目标的关键所在，也是连接学生和课程的纽带，教师队伍的规模、素质是教学活动成败的关键。高等职业教育是要培养既具有一定的理论知识，又掌握高等技术的人才，对教师的要求也是比较高的。

(1)“双师型”教师数量缺乏。

其人才培养的特殊性，也决定了其师资队伍素质要求的特殊性，一支既有理论又有实践技能与经验的“双师型”师资队伍是实现高等职业教育目标的根本保证。目前，各示范性高职院校的“双师型”教师仍然是大量缺乏。大部分的教师主要是普通高等院校毕业，接受的是普通教育的模式，虽然懂得学术性的理论知识，但由于没有进入专门的企业、行业深入学习，没有机会进入具体工作岗位进行实际生产的操作，实际的动手操作技能很弱。在教学活动中，实践课程的教学不是很理想，教师无法正确演示操作程序，无法熟练展示岗位所需技能等。

(2)教师结构比例不合理。

高等职业教育比普通高等教育更加强调实践教学，其师资类型结构与普通教育有所不同，从校外聘请专业人员作为兼职的教师来担任学校的实践教学工作是高等职业教育的一个特点，这些人员主要是相关企业、行业内的专门的技术型人才。但是，目前大部分的高职院校兼职教师很少，甚至示范性的高职院校都出现了这样的情况，专职教师远远多于兼职教师，专职教师与兼职教师的比例结构很不合理。

(3)教师专业素养不高。

一些高职院校教师安于现状、不思进取，并没有真正理解终身教育理念，而且长年处在学校并没有深入企业、行业学习，不能体会经济的快速发展带来的相应改变，没有通过不断更新观念、提升自身素质来改变教学方法，调整教学内容，最终促进整个教育教学活动的顺利、有效的开展。

目前高职院校对教师的关怀并不够，对教师的在职提升项目很少，对教师的培训计划不周密、不系统，教师自身素质得不到有效的提高，教育教学的水平也无法提高。教师在教育教学过程中面临的压力、遇到的困难很少受到关注，这些问题影响了教师的自身心理健康。另外，对教师物质方面的关怀不够，相应的激励机制不够健全，不利于刺激教师工作的欲望，致使其在工作中被动、消极。

(4)招生宣传信息不对称。

高校基本信息包括高校的教育管理水平、师资力量、学术地位、实践设施、专业优势等，这些信息代表了学校的实力，是吸引学生注意并影响其选择意向乃至最终抉择的重要因素。有些高职院校进行单独招生的时候，会存在对学校的基本情况进行夸大，将学校的形象加以美化的情况，以此来吸引学生、家长的注意力。招生宣传信息不对称的现象就会由此产生。而在这些方面，学生所能掌握的真实信息是有限的。如果学生被学校所刻意夸大甚至是虚构的信息所吸引而报考该校，在进入学校后意识到“上当”之后，尽管短时间内对学校并不会有太大影响，但长此以往将会影响到学校的声誉，从而造成一系列的问题，这些问题也会一定程度上阻碍单独招生工作的开展。

## (二)社会对职业教育的认可度不高

社会对职业教育的认可度不高，造成了优秀学生不愿意报考高职院校，哪怕是“双高”高职院校，他们也不想因为单独招生被录取而丢掉冲刺本科院校的机会。

### 1. 轻职业教育的传统思想仍然严重

我们所崇尚的孔孟之道中，就不乏诸多重学术轻技艺的思想在里面。从春秋战国起，我国就已有职业的高低贵贱之分，百业中“士”为四民之首，学而优则仕，重义轻利，视术为雕虫小技，轻视专业教育，鄙视劳动。因此，以精研学理为宗旨的各种学府和书院就在不断兴起和受人追捧，却鲜有培养技术型人才的专门学校，哪怕有这种学校，也是很少受人关注和青睐的。这种落后的观念从职业教育的最开始一直持续到今天，仍然有很大一部分家长和学生认为职业教育是低等教育，宁可一再复读也不愿意报考高职院校，尤其是成绩相对较好的学生来说，他们认为要放弃冲刺高考的机会而参加单独招生，根本就是不明智的选择。

2. 重学历轻素质的观念普遍存在

从古代盛行了一千三百多年的科举考试，到一直沿用至今的全国统一高考，无一不是以抽象的理论知识为主要的考试内容，评价的主要依据是考卷的得分情况，人们评价一个学生是否优秀的主要参考标准也是他在学校文化考试的得分。这和职业教育的人才评价标准形成了较大的反差。职业素养和技能水平虽然也可以通过传统的考试来加以评分，但这种考试却并不是能够被社会和所有人接受。因此社会上大多数人都对普通教育的学历比较看重，而忽视职业学校学生的动手能力，这也就造成了高等职业教育在发展过程中不自觉地逐渐向传统评价观念靠拢，使得高等职业教育畸形发展。也正是这些观念的深入导致示范性高职院校单独招生报名人数不断增加，而质量却无法提高。

### （三）政府推动单独招生的力度不足

政策是党和国家为了贯彻、实施方针、路线或完成某一重大任务而规定的行动准则和行为规范，是统一和引导人们的意志、行为的重要依据。而政策推动是高等职业教育能蓬勃发展的重要动力，目前为止国家对高等职业教育的政策推动力度是不够的，不能满足高等职业教育的发展势头。示范性高职院校单独招生工作是高等职业教育改革中非常重要的一个措施，更需要国家政策的大力保护和推动。

1. 单独招生相关政策有待完善

目前单独招生工作发展势头迅猛，不但单独招生试点院校的队伍越来越庞大，报名参加单独招生的学生数量也是呈逐年增长的趋势。在这种趋势下，国家和主管部门对单独招生工作制定的政策却远远不够，并未采用多方合作，有效制定各项考试内容标准体系。在文化知识和专业知识考查上，由各学校统一组织安排。对待普高生、中职生，都以其高中阶段基础学科教材为依据，没有具体参照其文化课的教学大纲来制定文化知识考试内容，没有分专业大类对其专业课程知识分别制卷，提高考试的信度和效度。在综合素质考察中，各高职院校没有建立面试题库，采用随机抽题的方式，面试过程中显现出主观性和随意性。关于职业倾向和职业技能的考察，没有充分发挥职教集团的作用。没有由教育部门牵头，在省教育厅、省教育考试院以及学校的指导、监督和规定下，以职教集团为主负责制定本行业内专业大类统一的专业技能考核标准，并培训专业技能测试人员，为考生提供公正、可信、严谨的考试平台。

2. 对单独招生投入不够

高等职业教育的职业性决定了其比普通高等教育需要更大的资金投入，因为它需要花费大量的经费和场地来进行实训基地建设以及技能型人才的引进。就高职院校单独招生工作来说，要真正发挥作用，必须注重实践环节的考察，这使得单独招生工作的成本非常高，对于从设立伊始，就处于先天性经费严重不足的困境的高职院校来说，若没有政府投入，很多工作开展起来就会更加困难，如命题、考试等。在没有足够经费，而又要保证单独招生工作顺利进行的情况下，单独招生院校就只能通过各种渠道来降低预算，缩减开支，如单独招生的所有工作都尽量让本校的教师来开展，同时每一个环节的花费开销上能省则省，这在一定程度上使得单独招生工作无法达到理想的状态，如宣传工作由于宣传费用有限而无法达到计划中的宣传效果，命题工作由于缺乏大量命题专家的指导和参与而无法实现预期的质量水平等，这些都与国家以及上级领导部门对单独招生工作缺乏投入有着直接的联系。

3. 对单独招生监管力度不够

当前单独招生的试点院校进行招生，主要实行的是“学校负责，招办监督”的录取监督体制。为了规范单独招生，保证单独招生工作的公平、公正，上级主管部门以及各个试点院校都下发了关于做好单独招生工作的招生执法监察工作的文件，要求招生监察工作要遵循“参与中监督，监督中服务”的原则，坚持“全程参与、重点监督”的工作制度，应坚持以人为本的原则，切实保证国家招生政策、法规、计划、制度的贯彻实施，全面体现“公平竞争、公正选拔”的原则。

但就目前来说，无论是监察部门还是高职院校，监管的力度还是远远不够。文件的下发虽然对试点院校的单独招生工作起到了一定的规范作用，但由于其主要停留在学校内部或部门内部的自我约束和监督，无法有效地解决问题。权力的监督需要不同利益群体之间的制衡，不同利益或利益冲突的群体之间才能进行有效监督。而招生部门和监察单位本身恰恰是一个利益共同体，这种单位内部监督甚至部门内部监督的监督方式决定了它的有效度不高。而宣传、命题、考试、审核和录取工作等等，也都或多或少地疏于监管。例如，招生章程的发布工作，几乎所有的单独招生试点院校招生章程都没有经过主管部门审核备案就发布了，很多院校甚至不知道到哪里去审核备案。不少院校发布的信息有很多与学校实际情况不符，一定程度上误导了学生，也在学生心目中形成了不好的印象。同时命题、考试、试卷的保密等工作，缺乏严密的监管，给很多有着不轨企图的人制造了机会。

### （四）个人因素阻碍单独招生顺利开展

1. 生源复杂且能力水平差异较大

生源情况是反映单独招生试点情况的一个重要指标，也是各试点招生院校以及社会各界最为关注的焦点。生源是否充足以及质量高低，直接反映出招生院校的影响力以及品牌效应，也反映了招生计划的投向与社会需求的适应程度。不同的试点招生院校，首先因其地域差异、知名度以及社会影响力不同，以及学校性质的差别，其生源也会有很大的区别；而对同一所学校而言，不同的专业也会有生源的差别。先暂且不论这些差别，单论一个专业所报名的学生来说，就有普通高中学生和中职生之别，他们之前所接受的是两种不同类型的教育，同时还有不同学生之间的知识水平差异等。生源的复杂、能力水平的差异就使得单独招生命题工作开展起来比较困难，很难把握知识和技能之间的命题难度以及比例关系，同时考试录取工作也就很难达到理想中的公平等。

2. 招生工作人员素质有待提高

由于单独招生大部分工作都是由试点院校自己组织完成，整个工作过程牵涉面比较广，工程较大，对招生工作人员的要求相对来说也比较高。鉴于此，上级领导部门拟定了相关的文件，要求参与单独招生的工作人员必须要通过严格选拔和系统的培训才能正式参加单独招生工作。但这个要求看似简单，实际操作起来却有一定的难度。

由于每个学校能抽出来进行单独招生的人员有限，要在这些有限的人员中再进行严格选拔，这对于很多学校来说并不可行，所以大部分学校都是学校指派专人作为单招人员，或者自愿加入单独招生行列的教师作为单招工作人员。那么这种未经过任何选拔工作而随意所组成的一支招生队伍，其中人员势必会水平差距较大，素质参差不齐，与要求的相差甚远。在这种招生人员紧缺，同时选派机制不健全、监督不严的情况下，就出现了很多问题，如：由于招生基本上实现了报名录取的网络化，而由于一些对上网不甚了解，甚至对网络一窍不通的人员也参与招生录取工作，这就影响了招生录取工作的进度以及规范性；有的工作人员责任心不强，对招生工作缺乏耐心，对于家长和学生的问题没有及时给予回答和解决，错过了很多招收优秀学生的机会；还有的工作人员没有给学生进行适当的动员和说服工作，于是出现了很多考生通过了考试，学校已经发了录取通知书，但却没有来学校缴费的情况，这样就使得学校的报名率下降。

除了这些问题，当前在示范性高职院校单独招生工作中存在的最多的问题就是腐败行为，如“走后门”的情况，这种情况的出现绝大部分与招生工作人员有着或多或少的联系。一些招生工作人员法律观念淡薄、道德水准低下，利用手中的职权和掌握的信息，直接骗取考生家长的钱财，极大地损害了考生的合法权益，还有工作人员自视在招生过程中拥有一点权力，为了给周围的人行个方便而不顾学校的利益，帮助他人通过不正当渠道进入学校，极大地败坏了学校的形象。尤其在现在单独招生工作还未系统和规模化、监管力度不够、有关法规政策尚未健全的时候，这种行为更是难以有效地得到控制。

## 二、内部治理视角下的先前学习认证研究

先前学习认证制度最初起源于二战后的美国。战后为解决军人的安置问题，美联邦政府成立了服役经验评估委员会(The Commission on Accreditation of Service Experience，CASE)，对部队经验和大学学习之间的对等关系开展评估认定，使军人重归校园与社会。而后，这种认证制度逐步由军队推广至政府、企业，被评价对象也由军人扩大至所有成人学习者。当前，美国、加拿大、英国、澳大利亚、新西兰、南非、智利、巴西、荷兰、法国、瑞典等多个国家都在开展先前学习评价。这种对个体先前的学习和经验的认证制度不仅能在个人层

面激励促进个人的进步与发展，而且在社会层面能大幅提高教育资源利用率、促进学习型社会形成。先前学习认证过程将个人的学习转化为一种简易的通用等价符号，能在不同场合获得认可。在全球化进程不断加快的今天，认证制度已经成为全球终身学习政策的一个重要组成部分。对个人的先前学习成果进行认证，已成为终身学习背景下国际社会的共同呼声，并持续引发了各国相关学界的广泛关注。简要回顾有关我国先前学习认证的相关研究状况如下。

### (一)我国先前学习认证的研究历程回顾

以“先前学习”为主题在中国学报网全文数据库 CNKI 中进行文献检索，截至 2017 年 9 月，共检索到相关文献共计 308 篇(模糊搜索)，时间跨度为 1983 年至 2017 年。目前已知的关于此主题的相关专著有国家开放大学王迎教授于 2013 年出版的《先前学习认定的理论与实践》，是国内第一本全面梳理先前学习成果认定的著作。此外先前学习认证主要在终身学习与教育理论原理的专著中略有提及。依据主要的研究内容与研究方法的变化，可以将我国关于先前学习认证的研究大致分为两个阶段，1983 年至 2009 年为启蒙期，2009 年至今为借鉴期。

1. 启蒙期

在 1983 年至 2009 年期间，相关研究文献共 97 篇，以先前学习在学习迁移中的影响与作用为主进行研究，鲜有对先前学习的认证方面进行相关研究。其中，华东师范大学徐国庆、石伟平于 2000 年 发表的《APL 的理论与实践及其对我国教育的启示》一文对西方先前学习的理论与实践做了简要介绍，认为先前学习认证能充分利用我国已有教育资 源，并指出建立并完善 APL 机制是我国教育未来的主要任务之一(为保证术语统一性，本文先前学习制度以 Accreditation of Prior Achievement 为指代，简称为 APL)。2005 年中央教育科学研究所章鹏远，就欧盟国家的非正规与非正式职业学习认证的特征与认证方法进行了概述。紧接着于 2007 年《职业技术教育》杂志在公报专栏中介绍了联合国教科文组织终身学习研究所对先前学习认证的调查研究。自此之后，起源于美国的先前学习认证开始引起我国学界的关注。尽管，在启蒙期我国学界专门关于先前学习认证的研究数量较少，但在现阶段，学界已经基本达成了对个人经验型知识技能的认可，肯定了经验型知识的地位。大知识观与终身学习的思潮正在国内学界生根，这为先前学习认证研究的后续发展奠定了基础。

2. 借鉴期

这一阶段对于先前学习认证的专门研究逐渐增多。2009 年到 2017 年 9 月，各年份发表的文章量逐年增长，目前 2017 年相关研究成果已有 5 篇，2009 年至此共计发文 203 篇。自 2000 年出现首篇介绍 APL 的文章以来，相关研究开始涌现。终身学习理论、能力本位思潮的大力倡导为先前学习认证研究奠定了理论基础。而后，《国家中长期教育改革和发展规划纲要(2010— 2020 年)》的出台也为 APL 的研究提供了政策土壤。纲要中提出，要“建立继续教育学分积累与转换制度，实现不同类型学习成果的互认和衔接”。这意味着先前学习认证已经引起了国家层面的重视，因而也引发了研究者对 APL 的热切关注。从各发表文章的所属学科上看，教育理论与教育管理领域相关研究 36 篇，成人教育 26 篇，职业教育 19 篇，高等教育 12 篇，其中包含 5 篇以 APL 为主题的毕业论文。在国际比较研究方面有 14 篇文章，其中，有关澳大利亚 6 篇，美国 4 篇，英国 3 篇，印度 3 篇，丹麦 2 篇，多国综合比较研究 5 篇。从文章的研究内容上看，绝大部分文章都将 APL 制度整体作为研究对象，综合性地探讨了 APL 概念内涵、发展轨迹、实践价值以及认证操作流程等多方面的内容。也有仅就某一方面进行专门研究的文章，如李令群等撰写的《基于操作层面的我国先前学习认定内涵界定》就针对 APL 的内涵进行了专门的论述。董衍美发表的《先前学习成果认证的政策和法律环境》以及姚来燕发表的《认识先前学习评价：基于法律的视角》专门从法律制度视角探讨 APL 的现实可行性。与此同时，与 APL 密切相关的学分银行、终身学习以及资格框架体系都在教育领域的不同学科引发研究热潮。

## (二)我国先前学习认证研究基本内容

APL 作为一种舶来品，我国学者在对 APL 进行研究时多注重在全局上对其进行把握，包括对 APL 的形成背景、发展经过、在各国实践中的认证流程与方法等方面的研究。

先前学习认证又称先前学习评价和认证，英文简称包括有 APL (Accreditation of Prior Learning)、PLAR (Prior Learning Assessment & Recognition)、PLA (Prior Learning Assessment)、RPL (Recognition of Prior

Learning)、APA(Accreditation of Prior Achievement)、APEL(Assessment of Prior Experiential Learning)，世界范围内的称谓并不统一，但内涵大同小异。都是指对人们在之前学习过程中所获得的知识与技能进行具有效力的鉴定和认证。而各国基于不同的实际需要对先前学习认证的外延做出了不同的规定。主要就先前学习认证是否包含正规学习成果出现分歧。我国学界在 APL 的研究上也出现了此种分歧。

**表 7.1　先前学习认证概念差异比较**

| 范围 | 代表国家 | 国内代表学者 | 基本主张 |
| --- | --- | --- | --- |
| 非正规学习、非正式学习 | 法国、挪威、澳大利亚 | 朱敏等 | 先前学习认定要重点体现的是终身学习背景下对于非正规学习和非正式学习的价值发现及认可 |
| 正规学习、非正规学习、非正式学习 | 美国、美国、瑞典 | 李令群等 | 我国学历教育间的互认不完善，将正规学习成果纳入认证范围有利于各类教育融通，降低学习成本 |

一类观点是基于对先前学习认证的发展历程与国外实践经验研究基础上，强调先前学习认证是对个人先前的非正规教育所获得的经验性知识技能进行认证。朱敏就认为先前学习认证是对成人学习者在正规教育机构以外且没有获得过任何认定的各种学习活动(职业的或生活的)经验或其结果进行鉴别、评价和正式认定的过程。它重点体现的是终身学习背景下对于非正规学习和非正式学习的价值发现及认可。另一类观点则认为我国在借鉴国外 APL 制度时应当将其定义为包含对正规学习成果认证的认证体系。由于国外许多国家学历教育间认证是通过高等教育学分积累与转换系统完成，其先前学习认定的范畴主要是指对非正规、非正式学习成果的认定。李令群等人也认为只要是有利于学习者再学习，降低学习成本，并且操作上是严谨、科学、透明的，无论是哪类学习成果之间的转换认定，都应该算作是先前学习认定。也就是说我国的先前学习认定应当包含正规学习、非正规学习以及非正式学习。前者强调先前学习认证的主旨部分，即承认教室外学习的合法性，对个人在正规教育系统之外获得的又无法通过标准化的考试进行评价的知识进行认可。而后者不仅希望通过先前学

习认证使经验性知识得到正规教育体系的认可，同时也寄希望于通过 APL 能使正规教育成果得到工作社会的认可。这也是基于对我国现存的工作社会与学校教育相脱离状况的考虑。事实上，美国的部分评估机构已经开始向学生提供评估。

### （三）APL 制度对教育治理的现实意义

APL 作为一种舶来品，我国学者除了客观介绍外更加注重 APL 对我国的借鉴价值。其中一部分就是关于我国建立健全 APL 制度的现实意义。

1. 宏观层面的必要性

从宏观层面而言，APL 对建设终身教育体系以及学习型社会具有重要价值，是时代的需要与自然选择。随着当前经济和工作场所经历的持续的快速变化，先前学习评估认证为支持终身和全民学习做出了重要的贡献。先前学习评估认证已成为全球终身学习政策的一个基本特征。另有学者从社会、经济和教育三个层面探讨了 APL 的价值。认为 APL 有助于促进社会公平，有利于提高个体和国家的经济能力，有助于教育机构与学习者的成长。

2. 微观层面的合理性

就微观层面来说，首先，APL 能大量地节约教育资源、减轻个人与社会教育成本、促进劳动力培训。其次，其对成人教育、职业教育以及普通高等教育的发展均有建设性意义。先前学习认证制度是实现职业教育与培训同普通高等教育的成果互认和工作社会与学校教育合理渗透的重要桥梁。依据学者的研究，我国建立健全先前学习认证制度只是时间问题。当然，目前关于 APL 的经济价值与社会效益的判断都来自逻辑推理与国外的实践经验，还有待我国通过本土的研究来证实。

### （四）我国建立 APL 的实施路径

在 APL 具体的实施路径方面，也有许多学者提出了不同角度的见解。其中以宏观概括性的建议为主，包括政策出台与制定、制定统一资格框架与标准、确立专门实施机构等。应一也等人认为我国要实施先前学习评价认证，必须重视成人教育的发展；也必须要有专门的主体单位来研究、探索、推进和保障先前学习评价的实施；必须给高校在招生政策、考评和学分管理制度等方面松绑。也有学者认为 APL 的核心是规则，要以研究先导，立法先行，政府推进，实验试点，稳步推进。与此同时，不乏学者从微观角度对我国实践引入 APL 做出探究。李令群等人结合我国实际，提出将我国教育体系中现存的“类先前学习认证”现象制度化加以规范。当学习者想要进入“中职—高职—本科”这个纵向立交桥的时候，对学习者先前的正规学习成果(中职或高职阶段已修的课程）进行认定。建立资格框架以及基于框架的认证标准体系，也能在把技能大赛等非正式成果认定为入学资格或免修课程的操作时，提供更科学的参考坐标和依据。王红玲在对澳大利亚职业教育中的先前学习认证制度进行分析后，提出先前学习认证制度可以在我国高职院校的自主招生评估以及中高职衔接生源免修认定中进行应用。还有研究者开展了先前学习评价的实证研究，基于研究总结了先前学习评价的一般操作流程，并提出建立申请制度，加强审核学生所提供材料、证据等的真实性，向学生提供申请前的自我测试以及为学生提供反馈和审查评估结果的机会等四个方面的改进措施。

### (五)APL 在教育治理体系中的作用

由于先前学习认证制度与学分银行以及资格框架体系的构建联系紧密，因此在对如学分银行、不同教育类型的沟通衔接以及资格框架体系等问题研究中也对 APL 有所涉及。图 7.1 表示了 APL 在整个教育框架中的影响作用。以 APL 为基础的学分互认、证书互认利于促成不同教育类型间的融通。

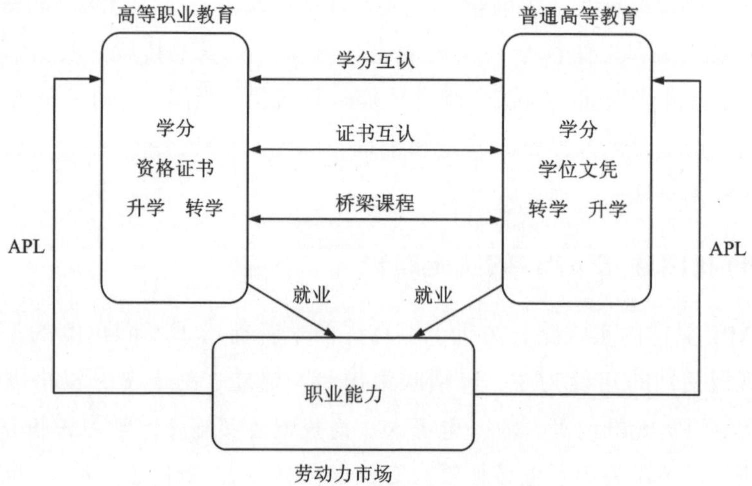


**图 7.1　教育框架体系示意图**

就学分银行与先前学习认证的关系而言，大多数观点认为先前学习认证是学分银行的基础，两者紧密相关。郭翠等就认为，先前学习认证是学分银行的功能之一。“从学分银行作为终身教育立交桥的作用来看，先前学习认证应该成为学分转移的工具和手段，实现各类教育的衔接与贯通。”欧斯玛尼·张提出，先前学习认证是学分银行制度建设的关键，“如何对学习者的先前学习成果进行认证，转换为学分银行的标准学分是学分银行制度运作的基础和关键”。只有认证转换机制运行良好，学分银行才有意义。

综上所述，我国关于先前学习认证的研究正逐步迈向全面深入的阶段，但由于还处于研究初期，不少研究内容出现同质化。未来努力的方向也有许多，例如加强相关的实证研究、多学科视角研究、微观对策研究等方面继续拓展和深入。首先，从研究方向而言，可加强基础理论研究。从实践的角度来说，缺少基础理论体系的支持，APL 在实践中的推行必然遭到诸多质疑。现有 APL 研究总体集中在以客观陈述为基础的具体实践的借鉴上，对 APL 本身的理论基础较关注或者说不够深入。尽管作为 APL 的基础理论的经验学习理论和终身学习理论已经被广泛接受，但由于缺乏对两者关联性的系统研究，APL 的正当性与必要性处于一种模糊不清的状态，APL 也易被忽视。对 APL 内在理论基础的深入研究，既能进一步深化对 APL 的认识，也能为引领指导实践打下结实基础。其次，从研究广度而言，可以拓宽研究视角。从社会学、经济学、教育评价测量等多个学科的视角进行研究与分析，突破研究局限。虽然先前学习认证最先起源于成人教育领域，但按照国外的发展历程来看，先前学习认证不仅限于成人教育领域，将逐渐扩展至高等教育、职业教育等多个领域。APL 的构建将牵动整个教育系统，对于社会经济的影响也是里程碑式的。因此，应当从社会学、经济学、管理学、心理学、评价测量等多个不同学科的专业视角来审视 APL，做出有建设性价值的研究。

再次，从研究深度而言，研究可以更加细致。宏观视角的研究一向是我国学术的强势方面，在先前学习认证的研究上也沿袭了这种传统。目前侧重宏观方面的研究比较多，在微观对策的研究上还有很大的发展空间。对于 APL 的运行机制、评估主体、认证方法体系、评价标准体系的研究以介绍国外经验为主，可以结合我国实际情况研究分析 APL 在我国的适应性以及具体实施路径。APL 广泛的推行势必牵涉教育部门、教育机构、资格认证机构以及社会雇主等主体，通过何种激励制约机制协调主体间的关系，使之协调配合，充分整合利用资源，减小实施中的阻力，发挥 APL 的最大效用，诸如此类的问题都需要研究者更加细致深入地研究。其四，开展交流与合作，形成研究伙伴关系。为了突破就教育谈教育的局限，开展多学科的交叉研究成为必然趋势。同样，为了打破跨学科研究的障碍，研究人员间的交流与合作也不可或缺。全球国际化进程的加快将进一步扩大合作研究的跨度。汤普森河大学创建了先前学习国际研究中心（Prior Learning International Research Centre，PLIRC）。加拿大也形成了先前学习评估与认证的学者社区，旨在使加拿大研究先前学习评估认证的学者携手共同建立先前学习评估认证研究团体。组建跨越多学科、多地域的研究交流团队是促成先前学习制度本土化研究的重大措施，这一举动将有助于我国先前学习认证研究取得突破性进展。

## 三、内部治理视角下的学报编校质量提升策略

学报作为学术载体，在展示、宣传学院的教学科研水平和提升学院的品牌知名度上有显著的作用，可以说，学报是其所在院校的最具分量的“名片”之一。就目前高职院校学报的质量而言，问题主要表现在内容、结构、学术态度与编校质量等 4 大方面。在反映学报质量的 4 大方面中，前 3 者主要由作者的论文内容质量决定，与编辑人员的工作间接相关或者说部分相关，后者编校质量则完全由刊社和编辑决定。编校质量是高职院校学术学报整体质量的基础。一本高质量的学术学报，一定有着优良的编校质量。

### （一）高职院校学报编校质量的影响因素

1. 编辑人员素质不高

（1）语言修养不够。

语言基本功是编辑的基本修养，不同专业背景的编辑只有具备了语言的基本功，面对书稿、文章，才有可能质量较高地完成对于作者稿件的修改，包括删除字节、查证核实、订补修正、润色加工等一系列工作，但是职业院校学术学报的编辑语言修养水平参差不齐，编辑很难做到“妙手回春”。

(2)逻辑思维水平不高。

编辑人员应理解文章的概念所使用的逻辑方法，定义、划分、限制、概括等；编辑人员应识别文章的逻辑错误，前提有误、前提与结论不符、前提不充分、前提与结论缺乏逻辑联系等。这就需要高职院校学术学报的编辑们有缜密的逻辑思维能力，目前来看，具有高水平逻辑思维能力的并不多。

(3)规范性有待加强。

语言文字是信息的基本载体，是人们交流思想、社会生活的工具，我国地域广、人口多、方言复杂，语言文字在学报中必须保持严格的规范性，规范性是编辑的基本功，与学报的编校质量直接相关。学报的规范性和学术价值密切相关，它甚至可以衡量一本学术学报的学术水平，但目前，职业院校学术学报规范性有待加强，这也是为什么职业院校学术学报鲜少有核心刊物的一个原因。

(4)校对经验水平不足。

编辑工作是一项靠实践积累，从实践中来到实践中去的工作，好的编辑通过日积月累的工作往往能练就一双火眼金睛，实现学报的快速有效的勘校。但是目前，大部分高职院校学术学报编辑流动性很大，经验丰富的老编辑不多。

(5)工匠精神缺失。

学报编辑不是文学编辑，不会像欣赏文学作品一样能有共鸣、共情，尤其是高职院校学报，本身稿源质量不高，留给编辑的编校工作繁重，需要编校工作者不厌其烦地反复打磨，从标题的修改到章法的修改，从繁简字的修改到语法的修改，从逻辑的修改到标点的修改，这一系列工作不断地锤炼，才能使文章看起来有突出的主题，有严谨的结构，有强大的逻辑，有精练的文字，有清楚的层次，有通顺的文理。这些重复繁杂的工作使得编辑必须具备匠人般的职业精神，但是在这个快节奏的社会中，往往这样的精神，让人误以为是编辑做事效率不高的表现。因此，很多编辑以增速为目的放弃了对精益求精质量的追求，导致差错率的增高。

2. 高职院校人事管理制度

(1)主编晋升机制。

大部分的高职院校，都是采用岗位轮换制，也就是说大部分的高职院校主编、副主编、责任编辑都不是编辑部内部晋升的，而是通过轮岗制度安排的，很多高职院校的学报编辑部并没有多年老资历的成熟主编，主编在业务能力上有待提升。

(2)编辑选择机制。

在学报编辑的选择上，大部分高职院校也没有引进专门的、具有编辑资格的人员，一般都是学校内部人员调配，很多学报编辑都是从辅导员岗位转过来的，其本身的职业素养有很大提升空间。

3. 其他因素

大部分的高职院校学术学报，编辑部人员的配备都不足、好的编辑人才流失，在有限的时间内完成编辑、校对、整理容易疲劳出错等都是造成高职院校学术学报编校质量不高的原因。同时，还存在原稿本身的错误，以及各种不同类型的打字排版软件相互转换所形成的错误，以及由计算机病毒引起的错误和网上收发引起的错误等。

## (二)提高高职院校学报编校质量的策略思考

影响职业院校学术学报的编校质量的因素很多，一本编校质量差的学术学报，将会使读者失去阅读期待，作者失去投稿兴趣，学报的学术地影响力必将大打折扣，难以提升，如何通过有效的方式改善目前的现状呢？笔者认为，可以通过以下几个方面逐步提升。

1. 提高认识、认真落实，是学报的编校质量改善的关键

有的学报，之所以编校质量不合格，主要是因为认识不到位，没有给予足够的重视，得过且过。学报编辑部应该自己制定编校比国家指标更加严格的指标体系，每年都自行组织编校质量检查，并外请专家进行审读，并制定有相关的改进措施。

2. 重视高职学报品牌建设

把提高编校质量上升到品牌建设的高度来重视，把编辑、校对、通读环环紧扣，组织全体编辑校对人员互相学习、探讨，共同提高。在平日里同事间随时交流的基础上，定期举行编校业务学习交流会，每个编辑都必须做主题发言，交流编校工作的体会(感悟)、遇到的疑惑、典型差错的处理等，重点交流应注意的共性问题。同时，把各种规范、专家审读意见、同行发表的相关论文也作为学习内容。

3. 加强对外编辑业务交流，开展渠道多样的学习

编辑人员必须定期参加业务培训，及时了解业内相关新的信息，同时，可以加入业内微信和 QQ 群，在编辑过程中，编辑人员可以就遇到的各种疑难问题，随时通过群与社外专家沟通，向专家请教。

4. 实施编辑“结对子”工程，打通青年编辑成长通道

将互相学习和共同提高落到实处，实施新老编辑“结对子”工程，在青年新编辑入职后以两年为周期，确定“带教”老师，制定培养计划，以老带新，把青年编辑培养为能够独当一面的真正合格的编辑。

5. 执行主编牵头，每期付印前全体编辑进行全刊审读制度

在每期付印前，执行主编牵头，进行全刊审读，从学术、政治方向到编校体例、规范、错别字、标点符号、图表、英文等逐一终审全面把关。跟编辑逐一讲解问题所在和解决办法，并指出需要进一步查证之处以及途径。

6. 鼓励编辑参加各类业务比赛，对于获得奖项的编辑给予奖励

鼓励编辑参加各类业务比赛，通过颁发荣誉证书等方式给予编辑精神奖励，同时，适当地通过奖金或增加绩效等方式给予物质奖励。编辑们通过大赛的试题及其答案和解析集中复习，迅速提升辨识并纠正科技学报常见编校差错能力。

7. 着眼于对学生学术语言的培育，职业能力与育人能力共同提升

对于大学学报而言，编辑们既是编辑又是老师，同样承载着培养学生的义务，大学学报应助力对学生学术语言的培育。指导学生创建校内学生科技刊物，搭建学生科研交流的平台，每期就谈一个或一类具体话题，文章不必“长篇大论”，可以短小一点，符合当前大家移动阅读和碎片化阅读的习惯，同时鼓励学生对已发内容进行讨论、评论和争论，让学生从争论和讨论中增长知识，提高分析问题和解决问题的能力。

## 四、高职院校品牌的创建策略深入思考

高职院校面临的竞争与压力自然也越来越大，很多高职院校都在不断地尝试

一些改革来谋求自身的发展，如创办学新模式，提高人才转化为生产力的效率，通过校企合作、工学结合等人才培养模式，激活办学机制，优化资源配置等。探索高职院校品牌建设的内涵、实践意义和路径，分析其对提高教学品质、塑造硬核品牌文化、承担育人使命、提升社会认同和学校形象有深远的影响。

### (一)高职院校品牌建设的内涵

在我国加入 WTO 后，品牌的建设对于国内职业教育显得至关重要，把品牌的一般原理与职教相结合碰撞出了不一样的火花，为职教的发展注入了新鲜的血液。

我们理解高职品牌要在把它定义在教育理念的范畴这个大前提下，把品牌学的理论与高等职业教育学的理论相结合，把品牌学的一般原理渗透到高等职业教育的整个过程这个思路中去寻找高职品牌的定义。

在此基础上，本书认为高职品牌是指学校的标志和其为受教育者提供关于高等职业教育服务的各个要素。标志包括学校的名称或校徽，而各个要素则包括开设专业、师资力量、校园文化、办学理念、人才培养模式、学生质量、社会认可度等。其外在的呈现方式为学校的知名度、美誉度以及普及度。

不仅如此，高职品牌还应以教育质量为基础，以办学特色为关键，以实现自身与学生的长远发展为支撑点，通过教育活动培养大批优秀的服务与管理生产第一线的应用型人才，建立起与学生、社会、企业、家庭等的互相信任的关系。如湖北职业技术学院在当地具有很高的知名度和很好的口碑。这所学校的毕业生素质高，就业率也十分乐观。

### (二)高职品牌建设优化策略构建

高职院校虽然属于高等教育，但也与普通高校不同，高职品牌的建设也具有自身品牌的特性。笔者认为可以从以下五个方面去考虑。

#### 1. 让明确的品牌定位成为学院建设的导航

一个好的品牌，既是高职院校综合实力的最佳体现，又是学校特色的形象化展示，它对提高高职院校的知名度和美誉度，树立良好的社会形象，促进高等教育事业快速发展，具有巨大的推动作用。因此高职院校的品牌定位必须以社会需求为基础，以市场需求为导向，以为国家培养高素质技能人才为目标，以学生的切身利益和长远的发展为出发点和落脚点，根据学校的自身实际情况以及社会、学生的需求等因素来确定学校品牌建设的着力点和目标定位。与此同时，也要保证学校的各项软件、硬件能跟上专业发展需求。最重要的是要为品牌定位的可行性创造现实条件。

2. 让高职院校专业核心竞争力成为竞争的有力武器

专业核心竞争力是专业在长期发展中积淀而成，渗透在特定专业内置中，支持专业发展，使专业获得持续优势的能力、资源优势和文化特征，是同类院校其他专业所不具备，并且难以模仿和复制的核心能力，是高职院校竞争力的支柱。因此，高职院校要把重点放在发展那些构成学校特色的课程核心能力，打造名牌专业、名牌课程和品牌教师。专业和课程的设置要体现出一个“新”字，既要符合当代的教育规律，又要把握专业的新动态，掌握这个领域的新技术。要想做到这些，与专业配套的实验设施和实践场地都是必不可少的。除此之外，高职院校还应该构建一个专业建设的长效机制：学校+政府+企业。一方面学校通过与政府合作建立相关机构来对市场人才需求趋势和走向做出科学的评估和理性的判断。另一方面，学校也要加强与企业的合作与沟通，确定人才培养方向，在此基础上，学校的品牌建设才能更加健康地发展。

3. 让双师型教师成为引领行业潮流的主力军

品牌教师是高职院校品牌质量的重要保证，高职院校所需要的品牌教师应该是双师型教师。具有双师型素质教师是高等职业教育、教师队伍的特色，其内涵是把理论与实践相结合，表现为个人的经历是理论教学和实践操作。高职院校应该打造出一批师德高、知识素养深厚、教学能力强、专业技术过硬的双师型教师，并让这些双师型教师成为引领行业潮流的主力军。

4. 让高职院校品牌学生成为品牌学院的“活招牌”

无论是哪个时代、哪些地区、哪种教育类型的学校，学生的发展始终是社会和教育界最关心的问题。高职院校当然也不例外，高职品牌的建设还应着力的一个方向，应该是培养品牌学生，因为学校的主要任务就是培养优秀的人才。因此，笔者认为，高职院校应该创新人才培养模式，开启校企合作新思路，即企业和学院共同决定学生培养的方向和方式，培养能够适应生产、管理、服务第一线的高素质的技能型人才，使学生具备良好的职业素质与职业技能。此外，学校也可以通过开展一些活动或鼓励学生参加职业技能大赛来为学生展现自我，提高专业水平搭建一个良好的平台。再者，学校还应该帮助学生做好职业规划，为学生将来的长远发展打下基础。这样一来，学校培养出的优秀学生在毕业之后都会得到很好的发展，成为学校的“活招牌”，进而得到社会的认可。

5. 让国外经验成果为我国高职品牌建设增砖添瓦

由于我国职业教育起步晚、发展时间短，有些方面还不够成熟，笔者认为学习和借鉴国外的相关经验是十分必要的。很多国家确定了实施高等职业教育的各类教育机构，并成功地形成了具有自身特色的品牌高职院校。在这方面美国、加拿大、德国、英国等都做得不错。他们的教育教学非常具有灵活性。例如开创了“CBE 教学模式”，课程设计十分具有针对性。例如加拿大的“CEB 课程设计”，重视师资建设。如新加坡南洋理工学院对教师的资格要求必须是拥有本科及以上学历，同时要有 5 年以上的企业一线工作经历；除此之外，国外在人才录用方面比较重能轻学历。当然，借鉴并不等于盲目照搬，毕竟我们同国外的办学体制不同，培养模式不同，实际情况也不相同。这就要求我们结合自己的实际情况，借鉴国外的成功经验，走出一条适合自己的道路。

# 第八章

# 高职院校内部治理案例

## ×××学院学报治理案例

学报内部治理包含部门工作发展目标、机构设置及职责、工作流程、机构设置、机构职责、岗位职责、制度汇编、诊改运行等方面的治理情况，以及内部治理实施三年来取得的成效。

### （一）学报编辑部工作发展目标

学报是科技文献的主要载体，是积聚前沿、尖端科技信息与文献资源的主要平台。学报的发展，对于服务创新型国家建设，维护国家科技信息安全，提高科研人员在同行中的学术影响力，提升学校的影响力，都具有非常重要的意义。

1. 发展现状

×××学院学报创刊近 14 年，先后出台了一系列学报发展的政策和办法，已经产生了一定的社会影响力，拥有了一定规模相对稳定的作者群，学报发展也呈现了蒸蒸日上的态势。

2. 面临的形势与挑战

尽管学报目前发展良好，但当前学报管理还不够完善，还未能实现完全信息化办刊，距离进入优秀科技期刊行列的目标依然任重道远。为推动学报发展，必须制定学报的发展规划，必须完善治理体系，以期推动学报发展。

3. 总体规划

(1)指导思想。

2016年5月30日，习近平总书记在全国科技创新大会、两院院士大会、中国科协第九次全国代表大会上明确指出："科学研究既要追求知识和真理，也要服务于经济发展和广大人民群众。广大科技工作者要把论文写在祖国的大地上，把科技成果应用在实现现代化的伟大事业中。因此，学报以服务科研工作者为主，必须反映科研中的重点热点、难点问题，要很好地体现学报的新闻性、政策性和理论性，这是学报的基本指导思想。

(2)建设目标。

在总书记的精神指引下，学报建设不仅要有学术影响力，要有定量指标、也要有定性指标，不仅要有统计学报所发表论文引用情况的影响因子、被引频次等文献计量指标，而且也应有在促进学校建设、行业发展、成果转化、人才培养等方面发挥作用的指标。

(3)重点工作。

在"十三五"期间，学报把创建"高职学报中的一流水准"和实施"优秀科技学报战略"作为重要工作任务，以学术质量为基础、平台建设为抓手，数字化建设为重点，以学术引领、质量建设、人才培育为发展目标，培育和打造学报，努力提升学报的影响力、推动学校科技创新、服务学校老师和广大科技工作者。

4. 重点项目

(1)搭建高水平的学术交流平台。

学报编辑部精心编排栏目，搭建高水平的学术交流平台，促进学报影响因子持续以较大幅度上升，到"十三五"收官之年，万方数据复合影响因子为0.345以上；促进学报进入中国自科学报研究会评选的全国高职高专学报核心学报行列，促进学报进入RCCSE权威评级机构评选的全国高职高专成高核心学报行列，促进学报继续保持在中国学术学报规范执行优秀学报行列，最终促进学报进入全国优秀科技学报行列。

(2)突出"三个服务"。

×××学院学报作为全国高职高专学报研究会副理事长单位，湖南省高校学报研究会常务理事单位，湖南省科技学报编辑学会常务理事单位，学报应突出

“三个服务”，即：①服务全国先进装备制造业发展；②服务湖南制造强省战略实施；③服务学校教育教学科研工作全面发展。

5. 保障措施

(1)建设以国内高水平为目标的“优秀科技学报”。

①特色栏目。学报应注重特色的凝练，特色栏目是特色凝练中最重要的一个方面。历史的经验告诉我们，特色栏目办得好，对学报提高声誉有极大的促进作用，比如湖南理工学院《云梦学刊》的“当代学术史研究”、海南师范大学《海南师范大学学报(社会科学版)》的“20 世纪中国文学研究”、安阳师范学院《殷都学刊》的“殷商文化研究”等都是教育部名栏，名栏建设的品牌效应已经显现，在传播学术研究成果中发挥了很好的示范和引领作用，一部分名栏经过一段时间建设已经发展成为名刊。可以说，这些非核心学报名栏的品牌和声誉带动了学报整体的发展。因此，重视特色栏目的打造，寻找特色、凝练特色是学报高水平发展的必经之路。

②主动组稿。学报应摈弃“等米下锅”的模式，采取主动出击，多措并举的方式，在获取优质稿源方面做探索，提升影响因子，也提高自身的影响力和知名度。借助中国知网、万方、维普等数据库的搜索功能可以很便利地搜索到某一领域的论文刊发情况，为目标作者的选取提供数据支撑。结合刊物的定位和选题方向，筛选确定重点约稿对象，形成优先约稿名单。学报还可以通过关注领域内的自媒体和公众号获得优秀的作者资源。学报还可以通过定期筹备学术论坛、研讨会、座谈会、沙龙等方式，吸引相关学者参与，进行集中组稿。

(2)建设以服务为目标的优秀特色科技学报。

①让学报成为学校主题宣传的重要阵地。让学报成为主题宣传的重要阵地是学校主题宣传的重要补充。从理论深度来讲，这种主题宣传必不可少，是学术学报的重要功能。比如，学校将申报湖南省卓越院校建设计划，为配合这一重要建设项目，学报拟开设卓越院校建设专栏，为卓越院校的建设提供理论支撑与保障。

②让学报数字化更好地服务科研工作者。“十三五”期间，学报将完成学术期刊的数字化建设的内容，包括采用规范化的网上作者投稿系统、专家审稿系统、编辑办公系统；以及学术不端检测系统、优先数字出版系统、“腾云”学报采编系统等；同时将提供教育部、知网、清华大学、中国学报协会等平台友情

链接，并推出与×××学院学报同名微信公众平台，通过微信文章不定期推出，增加了刊物的传播力，扩大了其影响力。随着科技的快速发展，稳步推进学报的数字化工作，利用其丰富的展现形式、迅速地传播手段，便捷地服务科研工作者。

③提升编辑质量，服务作者、读者。学报是通过编者、作者、读者共同创造文化精神产品的，是通过一定的生产方式创造的。生产方式中凝聚着大量的智力劳动，体现了编辑的指导思想和指导理念。文字产品具有重复使用性、流动性、可变性的特点，同样的统计数据和材料，经过不同的生产方式处理后可以提供不同的产品和服务。从这个意义上讲，学报要通过不断地提炼、挖掘、萃取有价值的信息，真正为读者呈现好的精神产品。

### (二)建立学报编辑部行政管理绩效考核制度

为响应学校内部治理体系全面改革以及学校质量诊断与改进工作要求，推进学报编辑部内部质量保证体系建设，特制定本行政管理绩效考核实施细则。

1. 考核范围

考核范围包括：

①学报正刊工作完成情况。

②学报副刊工作完成情况。

③学报编辑部其他日常工作完成情况。

2. 考核对象及得分

考核对象及得分包括：

①学报编辑部主任的分值为部门所有人分数的算术平均值。

②学报编辑部副主任的分数为分管的副刊完成情况及其他分管工作完成情况得分。

③编辑部编辑室主任的分数为正刊的完成情况与日常工作完成情况得分。

3. 考核内容

考核内容包括：

(1)绩效考核实施细则。

绩效考核细则包含重点工作(80 分)、日常工作(10 分)、工作作风(10 分)、特殊工作加减分等。

(2)重点工作月度考核(80 分)。

重点工作月度考核以本部门报学校月度重点工作为考核依据。编辑部副主任、编辑室主任按时、按质按量完成本职重点工作者，月度得满分 80 分。

(3)日常工作月度考核(10 分)。

编辑部副主任日常工作包括对办公室日常工作的督促检查、学报网站维护、学报微信公众号的运营，等等。

编辑室主任日常工作包括办公室日常工作、文件资料整理、办公室费用报账、学报网站资料上传等内容。

编辑部副主任、编辑室主任按时、按质按量完成本职日常工作者，月度考核得满分 10 分。

(4)工作作风月度考核(10 分)。

工作作风包括领导纪律、工作态度等内容。工作作风月度满分为 10 分。部门员工凡上班迟到早退者，扣 0.5 分/次，旷工者扣 1 分/半天。

(5)兼职人员考核细则。

兼职人员考核细则具体如下所述：既兼课又兼班主任的人员按 6:2:2 计分，其总分=$A\times60\%+B\times20\%+C\times20\%$($A$ 为公职岗位工作考核分，$B$ 为兼课考核分，$C$ 为兼班主任考核分)。

只兼课的公职人员按 8:2 计分，其总分=$A\times80\% +B\times20\%$($A$ 为公职岗位工作考核分，$B$ 为兼课考核分)。

只兼班主任的公职人员按 8：2 计分，其总分=$A\times80\% +B\times20\%$($A$ 为公职岗位工作考核分，$B$ 为兼班主任考核分)。

(6)特殊工作加减分。

特殊工作加减分直接加到年度考核总分上。特殊工作加分因素包括在学报正刊影响因子、学报集体荣誉、学报特色栏目、学报个人荣誉、学报在学校中心工作等方面做出的突出贡献，等等。每项加分不超过 5 分。个人因工作失误给学校造成重大负面影响，根据影响的程度，予以扣分；因严重违纪行为受到党纪、政纪或以上处分的，按有关制度办理，实行一票否决。特殊项目加、减分按照学校《特殊工作加减分评分细则》进行评分，其中所获奖项来不及纳入当年奖励的，纳入下年度加分。

4. 绩效年度考核计分

个人年终得分由以下四方面构成：没有兼职的人员个人年终绩效考核得

分=月度重点工作得分 + 月度日常工作得分+月度工作作风得分+特殊加分减分。兼职人员个人年终绩效考核得分按第三条第 5 款进行折算后计分。年终汇总得出个人绩效考核总分。

5. 关于考核结果运用

关于考核结果运用情况如下所述：

①将各科室行政管理绩效考核结果作为各科室工作人员年终考核分数，与个人奖励性绩效工资、岗位聘任、职称评定、评先评优挂钩。

②年度考核得分 100 分及以上，且排名为前 15%为一等绩效，年度考核即为部门优秀；年终得分未满 100 分且为末名的为三等绩效；得分 60 分以下的定为不合格等次，不发放绩效奖金；其余为二等绩效，并定为合格等次。

③年度绩效奖金分配按学报编辑部考核绩效奖系数加权发放。一等绩效奖金系数为 1.2，二等绩效奖金系数为 1.0，三等绩效奖金系数为 0.8。

④连续两年绩效考核为末尾的工作人员，停职培训(培训期间停发奖励性绩效)再上岗，直至解聘。

6. 附则

附则为：

①本办法 XXX 年 12 月底开始启动，试行。

②考核过程中发生异议，根据工作性质审定。

③本办法解释权归学报编辑部。

## (三)建立年度诊改运行机制

2016 年、2017 年、2018 年是学报“十三五”规划的前三年，是规划落实的关键三年，三年来，学报把创建“高职学报中的一流水准”和实施“优秀科技学报战略”作为重要工作任务，以学术质量为基础、平台建设为抓手，数字化建设为重点，以学术引领、质量建设、人才培育为发展目标，培育和打造学报，努力提升学报的影响力、推动学校科技创新、服务学校老师和广大科技工作者。三年的工作进展情况如下：

1. 主要工作及目标完成情况

主要工作及目标完成情况如表 8.1 所示。

**表 8.1　主要工作及目标完成情况表**

| 工作类型 | 工作内容 | 2016 年目标 | 2017 年目标 | 2018 年目标 | 完成情况 | 存在问题 |
|---|---|---|---|---|---|---|
| 三年计划 | 学报第 1、2、3、4、5、6 期的刊发 | 完成 6 期学报刊发，发文量超过 200 篇 | 完成 6 期学报刊发，发文量超过 200 篇 | 完成 6 期学报刊发，发文量超过 200 篇 | 完成 | |
| | 创建“高职学报中的一流水准”和实施“优秀科技学报战略” | 入选 RCCSE 权威评级机构评选的全国高职高专成高核心学报 | | 入选全国优秀科技学报 | 完成 | |
| | 服务全国先进装备制造业发展 | 发表相关论文 10 篇以上 | 发表相关论文 10 篇以上 | 发表相关论文 10 篇以上 | 完成 | |
| 党政工作要点 | 加强特色办刊 | 增设特设栏目 | 增设特设栏目 | 增设特设栏目 | 增设 3 个特色栏目 | |
| | 提升学报影响力 | 提升影响因子，提升服务社会的能力 | 提升影响因子，提升服务社会的能力 | 提升影响因子，提升服务社会的能力 | 影响因子提升了 0.125 | |

**续表 8.1**

<table>
<tr><th>工作类型</th><th>工作内容</th><th>2016 年目标</th><th>2017 年目标</th><th>2018 年目标</th><th>完成情况</th><th>存在问题</th></tr>
<tr><td rowspan="5">目标质量监测点</td><td>收取论文总篇数</td><td>687</td><td>622</td><td>806</td><td>完成</td><td></td></tr>
<tr><td>发表论文总篇数</td><td>235</td><td>204</td><td>206</td><td>完成</td><td></td></tr>
<tr><td>本校发表论文篇数</td><td>36</td><td>14</td><td>24</td><td>完成</td><td></td></tr>
<tr><td>外校发表论文篇数</td><td>199</td><td>190</td><td>182</td><td>完成</td><td></td></tr>
<tr><td>各省发表论文篇数</td><td>湖南：90<br>广西：3<br>安徽：1<br>广东：9<br>湖北：21<br>云南：2<br>江苏：32<br>江西：1<br>福建：9<br>山东：7<br>重庆：2<br>江西：1<br>辽宁：1<br>宁夏：1<br>北京：1<br>浙江：4<br>山西：4<br>云南：2<br>上海：1<br>河北：2<br>贵州:5<br>黑龙江：1<br>新疆：6<br>甘肃：3<br>天津：4<br>四川：3<br>河南：8</td><td>湖南：76<br>广西：5<br>安徽：1<br>广东：12<br>湖北：15<br>云南：2<br>江苏：35<br>江西：7<br>福建：10<br>山东：5<br>重庆：5<br>江西：7<br>辽宁：1<br>宁夏：1<br>北京：1<br>浙江：4<br>山西：2<br>云南：2<br>上海：1<br>河北：2<br>贵州：5<br>黑龙江：1<br>新疆：3<br>甘肃：2<br>天津：1<br>四川：1<br>河南：8<br>陕西：5<br>安徽：4<br>海南：1</td><td>湖南：95<br>广西：6<br>河南：15<br>广东：15<br>湖北：7<br>云南：2<br>江苏：20<br>江西：4<br>福建：13<br>山东：6<br>辽宁：2<br>陕西：3<br>天津：3<br>浙江：3<br>山西：5<br>重庆：3<br>澳门：1<br>河北：2<br>吉林：2<br>黑龙江：1<br>上海：2<br>山西：1</td><td>论文收发范围在全国范围持续扩大</td><td></td></tr>
</table>

续表 8.1

| 工作类型 | 工作内容 | 2016 年目标 | 2017 年目标 | 2018 年目标 | 完成情况 | 存在问题 |
|---|---|---|---|---|---|---|
| 目标质量监测点 | 基金论文篇数 | 113 | 180 | 182 | 持续升高 | |
| | 基金论文比率 | 48.10% | 88.23% | 88.30% | 持续升高 | |
| | 国家基金篇数 | 1 | 2 | 2 | 持续升高 | |
| | 省级基金篇数 | 35 | 43 | 42 | 持续升高 | |
| | 一般基金篇数 | 77 | 135 | 138 | 持续升高 | |
| | 教授、博士、校长论文篇数 | 16 | 22 | 44 | 持续升高 | |
| | 教授论文篇数 | 5 | 11 | 20 | 持续升高 | |
| | 博士论文篇数 | 11 | 11 | 22 | 持续升高 | |
| | 校长论文篇数 | 0 | 0 | 2 | 持续升高 | |
| | 自科论文篇数 | 30 | 28 | 38 | 持续升高 | |
| | 社科论文篇数 | 205 | 176 | 168 | 均衡发展 | |
| | 篇平均参考文献数 | 6.14~7 | 6.1~7 | 7.35~8 | 持续升高 | |
| | 自引参考文献数 | 9 | 1 | 5 | 持续升高 | |
| | 万方影响引子 | 0.258 | 0.345 | 0.373 | 持续升高 | |
| | 中国知网影响引子 | 0.08 | 0.088 | 0.094 | 持续升高 | |

2. 诊改工作的主要成效

(1)扩大了全国范围的发文量和影响。

三年来，学报发文覆盖了全国88.23%的省、直辖市、地区，发文较多为湖南、湖北、江苏等省，总体分布呈服务本地，辐射全国的良好发展态势。

2016 年全年，学报共刊发论文 235 篇，其中，发文全国各省分布为，湖南：90，广西：3，安徽：1，广东：9，湖北：21，云南：2，江苏：32，江西：1，福建：9，山东：7，重庆：2，江西：1，辽宁：1，宁夏：1，北京：1，浙江：4，山西:4，云南：2，上海：1，河北：2，贵州：5，黑龙江：1，新疆：6，甘肃：3，天津：4，四川：3，河南：8。

2017 年全年，学报共刊发论文 44 篇，其中，发文全国各省分布为，湖南：76，广西：5，安徽：1，广东：12，湖北：15，云南：2，江苏：35，江西：7，福建：10，山东：5，重庆：5，江西：7，辽宁：1，宁夏：1，北京：1，浙江：4，山西：2，云南：2，上海：1，河北：2，贵州：5，黑龙江：1，新疆：3，甘肃：2，天津：1，四川：1，河南：8，陕西：5，安徽：4，海南：1。

2018 年全年，学报共刊发论文 206 篇，其中，发文全国各省分布为，湖南：95，广西：6，河南：15，广东：15，湖北：7，云南：2，江苏：20，江西：4，福建：13，山东：6，辽宁：2，陕西：3，天津：3，浙江：3，山西：5，重庆：3，澳门：1，河北：2，吉林：2，黑龙江：1，上海：2，山西：1。

(2)全面提升了文章质量和基金比例。

三年来，学报增设了 3 个栏目，细化了 5 个栏目，扩展了学术的宽度和精度。2016 年，基金论文标注总篇数为 113，占全年发文量的 48.10%，其中，国家基金篇数实现 0 的突破，省级基金篇数 35，一般基金篇 77；作者层次持续提升，教授、博士、校长论文篇数为 16，其中，教授论文篇数 5，博士论文篇数 11；自科论文与社科论文比例持续均衡发展，自科论文篇数 30，持续升高；2016 年论文篇平均参考文献数保持 6.14~7 的持续升高，自引参考文献数为 9。2017 年，基金论文标注总篇数为 180，占全年发文量的 88.23%，其中，国家基金篇数 2，省级基金篇数 43，一般基金篇数 135；作者层次持续提升，教授、博士、校长论文篇数为 22，其中，教授论文篇数 11，博士论文篇数 11；自科论文与社科论文比例持续均衡发展，自科论文篇数 28；2016 年论文篇平均参考文献数保持 6.1~7 的持续升高。2018 年，基金论文标注总篇数为 182，占全年发文量的 88.30%，其中，国家基金篇数 2，省级基金篇数 42，一般基金篇数 138；作者层次持续提升，教授、博士、校长论文篇数为 44，其中，教授论文篇数 20，博士论文篇数 22，校长论文篇数 2；自科论文与社科论文比例持续均衡发展，自科论文篇数 38，持续升高；2018 年论文篇平均参考文献数保持 7.35~8 的持续升高，自引参考文献数为 5。总之，各个观测点的数据显示，三年来，学报各项指标上升良好，整体影响因子持续上升。

# 参考文献


[1]陈琦，刘德儒. 教育心理学[M]. 北京：高等教育出版社，2005.

[2]刘国华. 职业教育心理学[M]. 广州：广东高等教育出版社，2007.

[3]夏金星、屈正良. 职业教育心理学专题[M]. 北京：北京师范大学出版社，2012.

[4]刘国华. 职业教育心理学[M]. 广州：广东高等教育出版社，2007.

[5]刘春生，徐春发. 职业教育学[M]. 北京：教育科学出版社，2002.

[6]皮连生. 学与教的心理学(修订本)[M]. 上海：华东师范大学出版社，1997.

[7]庞国维. 自主学习—学与教的原理和策略[M]. 上海:华东师范 大学出版社，2003.

[8]黄达人，等. 大学的治理[M]. 北京：商务印书馆，2013.

[9][美]伯顿. 克拉克. 高等教育新论——多学科的研究[M]. 王承绪，译. 杭州：浙江教育出版社，1988.

[10]杜拓. 经济全球化背景下高等职业教育新挑战[J]. 广东教育：职教版，2013(3)：10-12.

[11]胡蓉，易晓冬，覃兵. 偏离与回归：高职院校技能竞赛审视与优化路径[J]. 职业技术教育，2006(06)：51-54.

[12]胡蓉. 论高职院校学生与隐形课程的对话机制[J]. 职教论坛，2007(3)：29-31.

[13]胡蓉，覃兵. 价值视野下的教师主体性审视[J]. 湖南师范大学教育科学学报，2007(5)：20-23.

[14]胡蓉，郭研，陈艳芳. 高职院校教师科研生态的解读与重构[J]. 职教通讯，2016(16)：66-68.

[15]胡蓉，陈艳芳. 试论基于生态位理论的高职院校教师科研能力培养策略[J]. 职教时空，2015(12)：49-51.

[16]胡蓉，陈艳芳. 基于生态位理论的高职院校教师科研能力反思[J]. 文教资料，2016(34)：181-183.

[17]胡蓉，张兰洁，谭雅颖. 试论高职学生顶岗实习评价存在的问题与优化策略[J]. 亚太教育，2016(05)：61-62.

[18]胡蓉，李芳. 浅议高职院校校本教材开发的优化策略[J]. 学周刊，2016(13)：9-10.

[19]胡蓉，岳樱泽，皇甫仁秀. 高职院校“教学-竞赛-考证”三维一体技能竞赛模式初探[J]. 新课程研究，2016(3)：27-29.

[20]胡蓉，易晓东. 试论功能分析的高职院校校内技能竞赛保障条件构建[J]. 湖南工业职业技术学院学报，2016(4)：119+21.

[21]胡蓉，李琳叶. 论技能形成视野下的高职院校竞赛文化构建[J]. 湖南工业职业技术学院学报，2015(5)：108-111.

[22]胡蓉，唐巧. 高职院校职业指导课程体系的问题审视与优化策略[J]. 当代教育论坛，2011(12)：87-90.

[23]胡蓉，游小娟，李芳. 示范性高职院校单独招生的制约因素审视[J]. 宁波职业技术学院学报，2011(4)：1-4.

[24]胡蓉. 论教育中学生的生命权利[J]. 当代教育论坛，2008(5)：9-11.

[25]胡蓉. 当前我国教师培养体系转变的若干思考[J]. 当代教育论坛，2008(12)：86-88.

[26]胡蓉. 论教师管理柔性化[J]. 教学研究，2007(06)：493-495.

[27]刘建湘，胡蓉. 论高等职业教育科研基地研究团队的培养机制构建[J]. 职教论坛，2011(10)：24-27.

[28]覃兵，胡蓉. 韩国高等教育学分银行制探析[J]. 比较教育研究，2009(12)：65-68.

[29]岳樱泽，胡蓉. 高职院校品牌建设的审视与优化策略构建[J]. 亚太教育，2015(016)：217-217.

[30]刘婧，胡蓉. 浅论小学语文空无课程的审视与重构—基于教材内容分析[J]. 中国市场，2015(24)：170-171.

[31]易晓冬，胡蓉. 浅析校企文化融通下高职生职业态度的培养策略[J]. 长沙民政职业技术学院学报，2013(02)：124-125.

[32]钟颖，胡蓉. 学生发展视野下的高职课堂管理探析[J]. 长沙民政学院学报，2008(003)：82-84.

[33]覃兵，胡蓉，陆慧. 高等函授教育教学督导体系的审视与思考[J]. 西北成人教育学报，2009(04)：5-7.

[34]岳澎，任浩. 流程型组织构建的逻辑起点及要素探析[J]. 现代管理科学，2010

(05)：11-13.

[35]岳澎，任浩，张军果.现代企业组织的发展趋势：流程型组织浅析[J].工业技术经济，2006(011)：73-77.

[36]胡蓉，任逸姿.高职院校流程型内部组织结构改革策略探析[J].湖南工业职业技术学院学报，2018(3)：125-128.

[37]郭薇，基于组织理论的事业单位机构改革研究[J].行政论坛.2016(1)：52-57.

[38]岳澎，黄解宇.流程管理的演进历程：从幕后到前台，由配角到主角[J].现代管理科学，2005(6)：51-52.

[39]姜雪，张德祥.组织文化理论视域下的大学文化形成[J].教育科学，2015，31(2)：59-63.

[40]岳澎.流程型组织的构建研究[D].上海：同济大学，2006.

[41]刘照清.职能型组织向流程型组织转型的案例研究[D].广州：华南理工大学，2011.

[42]许红.中国企业业务流程重组关键成功因素及其评价的实证研究[D].厦门：厦门大学，2009.

[43]陆雄文.管理学大辞典[M].上海：上海辞书出版社，2013.

[44]方雪.尼尔基水利枢纽中的水库生态环境影响评价[D].大连：辽宁师范大学，2009.

[45]周培植"好的教育"的实现路径探索——杭州市下城区以教育生态理论促进区域教育现代化发展的实践反思[J].教育研究，2012(3)：146-150.

[46]徐岩.关于提高高职院校教师科研能力的思考[J].社科纵横，2009(1)：193-194.

[47]杨德山.科研自觉：高职院校教师的科研文化诉求[J].教育理论与实践，2011(9)：30-32.

[48]王章豹，汪立超，李巧林.生态位理论指导下的高校科技创新策略[J].合肥工业大学学报(社会科学版)，2007(1)：24-29.

[49]王猛.基于生态位态势理论的教师科研能力评价指标体系设计[D].南京：南京师范大学，2011.

[50]沈晓春.关于高职院校教师科研创新能力培养的思考[J].教育教学论坛，2013(29)：29-31.

[51]俞健.全息课堂教学评价技术研究[D].上海：华东师范大学，2007.

[52]邹芳红.高职院校"教学·竞赛·证书"三位一体教学模式的探索与实践[J].青岛职业技术学院学报，2013，26(3)：21-24.

[53]姚来燕.认识先前学习评价：基于法律的视角[J].中国远程教育，2012(17)：31-38.

[54]李令群，向艺芬，孙静怡.基于操作层面的我国先前学习认定内涵界定[J].中国电化教育，2013(10)：51-55.

[55]王红玲.澳大利亚先前学习认定制度探析[J].河北师范大学学报：教育科学版，2012(10)：18-83.

[56]王迎，殷双绪.先前学习评价：一种非正式学习评价方式的实证研究[J].开放教育研究，2012，18(1)：135-137.

[57]郭翠，周晶晶.澳大利亚先前学习认证制度述评及对学分银行的启示[J].高等继续教育学报，2013，26(3)：20-25.

[58]欧斯玛尼·张.先前学习认证：学分银行制度建设之关键[J].中国成人教育，2014(15)：137-139.

[59]李建红.打造高职院校品牌，促进职业教育全面发展[J].职业教育研究，2006(05)：21-22.

[60]曾明.试论高职院校品牌经营[J].职业教育研究.2006(01)：11-13.

[61]征建军.办学校特色，求品牌效应[J].新课程学习(下)，2013(12)：146-147.

[62]王泽华.职教品牌视域下高职院校的专业核心竞争力建设[J].中国成人教育，2013(12)：90-92.

[63]樊秀娣.提高研究生教育管理效益的探讨[J].现代大学教育，2001(4)：20-21.

[64]王哉.加拿大职业培训的特色——CBE课程[J].职业技术，2006(19)：57-59.

[65]王文兵，王维国.论中国现代职业文化建设[J].中共长春市委党校学报，2004(04)：71-73.

[66]吴婉湘，方海明.大学文化与校园文化辨析[J].当代教育论坛，2006(06)：96-98.

[67]彭跃湘.论教师职业背景与职业文化培养[J].中国电力教育，2009(04)：15-16.

[68]廖瑜.传统手工艺在高职艺术院校的传承路径研究——以湖南工艺美术职业学院湘绣专业为例[J].中国科技产业，2014(4)：76-77.

[69]王飞.湖南湘绣专业人才培养模式改革研究[D].湖南师范大学，2013.

[70]杨文."工匠精神"下高职非遗类专业传承人才培养路径探索——以湘绣艺术为例[J].美术教育研究，2018(4)：82-83.

[71]王飞.湖南湘绣专业人才培养模式改革研究[D].湖南师范大学，2013.

[72]唐利群.基于现代学徒制的湘绣专业师资队伍建设研究[J].艺术教育，2017(8)：162-163.

[73]唐利群.湘绣设计与工艺专业"现代学徒制"人才培养模式的构建与实践[J].教育教学论坛，2018(18)：155-156.

[74]高亨亮，蔡朝虹.浅析职业教育资金来源问题[J].当代教育论坛，2005(8)：104-105.

[75]陈嵩.职业教育教材质量评价之研究[J].职教论坛，2003(18)：4-4.

[76]席磊. 高职学生顶岗实习管理模式的探索与实践[J]. 郑州牧业工程高等专科学校学报，2009，29(3)：57-58.

[77]王治雄. 浅谈高职生顶岗实习管理中遇到的问题及对策[J]. 黄冈职业技术学院学报，2010，10(3)：66-68.

[78]耿保荃. 高职院校顶岗实习管理模式探索与实践[J]. 襄樊职业技术学院学报，2010，9(1)：103-103.

[79]秦亚恬，伍群，黄世荣. 重庆市高校 43 个科研基地现状分析及对策研究[J]. 科学学与科技管理，1998(7)：29-30.

[80]刘培莉. 我国大学科研团队建设的制约因素及对策研究[D]. 大连理工大学硕士研究生学位论文，2006.

[81]王凤辉等. 高校科研团队建设战略研究[J]. 科技管理研究，2005(8)：110-111.

[82]首珩. 高职科研管理激励机制的研究与实践[J]. 教育与职业，2005(7)：30-32.

[83]何添锦. 高职院校科研管理机制创新途径探析[J]. 商业时代. 2008(1)：57-58.

[84]王凤辉，朱影，谷春栋. 高校科研团队建设战略研究[J]. 科研管理研究，2005(8)：110-111.

[85]洪礼章. 将技能竞赛文化打造成高职院校特色校园文化[J]. 河南教育(中旬)，2011，04：20-21.

[86]李迎伍. 打造技能竞赛文化促进和谐校园建设[J]. 现代企业教育，2011(20)：173-174.

[87]薛叙明，贺新. 职业院校技能竞赛与人才培养融合途径探索[J]. 职业技术教育，2011(23)：5-8.

[88]葛新旗. 职业技能大赛与常规教学融合的路径探索与实践[J]. 职业教育研究，2015(3)：73-75.

[89]余启银. 水利职业技能竞赛机制探索与实践[J]. 长江工程职业技术学院学报，2017(4)：48-49.

[90]孟庆男，齐秀江. 论教师对课堂的管理[J]. 渤海大学学报，2005(06)：103-105.

[91]查吉德. 高职院校治理结构要义[J]. 河北师范大学学报(教育科学版)，2019(1)：99-164.

[92]孙红丹. 战略导向的组织机构管理[J]. 中外企业家，2015(15)：95.

[93]赵欣，张胤. 基于组织扁平化理论的大学学部分权管理体制研究[J]. 教育探索，2011(10)：88-89.

[94]盛佳伟. 浅谈高校组织扁平化管理[J]. 北京教育(高教)，2014(1)：49-50.

[95]操太圣. 遭遇问责的高等教育绩效化评价：一个反思性讨论[J]. 南京社会科学，2018

(10): 129-136.

[96]匡振旺. 中国高校教师绩效考核的矛盾分析与对策研究[J]. 中国人民大学教育学刊, 2015(2): 100-113.

[97]查吉德. 高职院校内部治理结构现状与改进策略[J]. 现代教育管理, 2019(12): 93-99.

[98]张继明. 我国高校本科教学改革的审视与现代化治理路径——基于20余年来改革历程与治理模式的分析[J]. 高校教育管理, 2020(7): 7-13.

[99]胡蓉. 高职院校流程型内部组织结构改革策略探析[J]. 湖南工业职业技术学院学报, 2018(3): 125-128.

[100]胡蓉. 浅析高职院校流程型内部组织结构改革的制约因素[J]. 大视野, 2019(3).

[101]胡蓉, 高婷. 湘绣融入高职课程体系的审视与策略构建——基于湖湘传统民间工艺文化传承的视角[J]. 机械职业教育, 2019(5): 54-57.

[102]胡蓉, 高婷. 产教融合视域下皮影戏艺术人才的培养策略研究[J]. 今日财富, 2020(8): 134-135.

[103]胡蓉. 高职院校民间传统工艺文化课程化的审视与构建[J]. 湖南工业职业技术学院学报, 2019(2): 137-140.

[104]《中共中央关于全面深化改革若干重大问题的决定》[EB/OL]. http://www.gov.cn/jrzg/2013-11/15/content_2528364.htm.

[105]《中共中央关于坚持和完善中国特色社会主义制度、推进国家治理体系和治理能力现代化若干问题的决定》[EB/OL]. http://www.gov.cn/zhengce/2019-11/05/content_5449023.htm.

[106]《国务院关于加快发展现代职业教育的决定》[EB/OL]. http://www.moe.gov.cn/jyb_xxgk/moe_1777/moe_1778/201406/t20140622_170691.html.

[107]《高等职业教育创新发展行动计划(2015—2018年)》[EB/OL]. http://www.moe.gov.cn/srcsite/A07/moe_737/s3876_cxfz/201511/t20151102_216985.html.

[108]《国务院办公厅关于深化产教融合的若干意见》[EB/OL]. http://www.gov.cn/zhengce/content/2017-12/19/content_5248564.htm.

[109]《国家职业教育改革实施方案》[EB/OL]. http://www.moe.gov.cn/jyb_xxgk/moe_1777/moe_1778/201904/t20190404_376701.html.

[110]《关于实施中国特色高水平高职院校和专业建设计划的意见》[EB/OL]. http://www.moe.gov.cn/srcsite/A07/moe_737/s3876_qt/201904/t20190402_376471.html.《中共中央关于全面深化改革若干重大问题的决定》[EB/OL]. http://www.gov.cn/jrzg/2013-11/15/content_2528364.htm.

[111]《中共中央关于坚持和完善中国特色社会主义制度、推进国家治理体系和治理能力现代化若干问题的决定》[EB/OL]. http://www.gov.cn/zhengce/2019-11/05/content_5449023.htm.

[112]《国务院关于加快发展现代职业教育的决定》[EB/OL]. http://www.moe.gov.cn/jyb_xxgk/moe_1777/moe_1778/201406/t20140622_170691.html.

[113]《高等职业教育创新发展行动计划(2015—2018年)》[EB/OL]. http://www.moe.gov.cn/srcsite/A07/moe_737/s3876_cxfz/201511/t20151102_216985.html.

[114]《国务院办公厅关于深化产教融合的若干意见》[EB/OL]. http://www.gov.cn/zhengce/content/2017-12/19/content_5248564.htm.

[115]《国家职业教育改革实施方案》[EB/OL]. http://www.moe.gov.cn/jyb_xxgk/moe_1777/moe_1778/201904/t20190404_376701.html.

[116]《关于实施中国特色高水平高职院校和专业建设计划的意见》[EB/OL]. http://www.moe.gov.cn/srcsite/A07/moe_737/s3876_qt/201904/t20190402_376471.html.

[117]Commission on Global Governance. Our Global Neighborhood: The Report of the Commission onGlobal Governance

[118]Travers N L. What is Next after 40 Years? Part 1: Prior Learning Assessment: 1970—2011[J]. Journal of Continuing Higher Education, 2012, 60(1): 43-47.

[119]Travers N L. What is Next After 40 Years? Part 2: Prior Learning Assessment: 2012 and After[J]. Journal of Continuing Higher Education, 2012, 60(2).

[120]Wihak C Prior Learning Assessment and Recognition: Emergence of a Canadian Community of Scholars[J]. International Review of Research in Open & Distance Learning, 2011, 12(1).

[121]李剑平. 技能大赛选手越来越有文化和气质[N]. 中国青年报, 2013-06-28.

[122]中华人民共和国国务院. 国务院关于大力发展职业教育的决定[R]. 2005: 10.

图书在版编目(CIP)数据

高职院校内部治理结构的研究与实践 / 胡蓉著. —长沙：中南大学出版社，2020.11

ISBN 978-7-5487-4205-0

Ⅰ.①高… Ⅱ.①胡… Ⅲ.①高等职业教育—学校管理—研究—中国 Ⅳ.①G718.5

中国版本图书馆 CIP 数据核字(2020)第 189612 号

**高职院校内部治理结构的研究与实践**

**GAOZHI YUANXIAO NEIBU ZHILI JIEGOU DE YANJIU YU SHIJIAN**

胡蓉 著

□责任编辑 刘颖维
□责任印制 周 颖
□出版发行 中南大学出版社
社址：长沙市麓山南路 邮编：410083
发行科电话：0731-88876770 传真：0731-88710482
□印 装 长沙德三印刷有限公司

□开 本 710 mm×1000 mm 1/16 □印张 12.25 □字数 245 千字
□版 次 2020 年 11 月第 1 版 □2020 年 11 月第 1 次印刷
□书 号 ISBN 978-7-5487-4205-0
□定 价 78.00 元